GOLDMANN

W0029634

Buch

Wer mit den Gedanken des Propheten vertraut ist, wird auch mit diesen Seiten eine Welt voller Zuversicht finden. Der libanesische Dichter, Philosoph und Künstler Khalil Gibran beweist mit dem vorliegenden Buch wieder die Aktualität uralter orientalischer Weisheit, die Anwendbarkeit dieses Gedankenguts auf die Probleme der heutigen Zeit. In einfacher, poetischer Sprache philosophiert er über die komplexen Zusammenhänge von Leben und Tod, und verleiht seiner tiefen Liebe zu Gott, der Schöpfung und den Menschen ebenso Ausdruck wie seinem zärtlichen Mitgefühl für die Schwachen und Unterdrückten auf der Welt.

Autor

Der Maler und Dichter Khalil Gibran wurde 1883 im libanesischen Becharré geboren. Die Jahre zwischen seinem zwölften und siebenundzwanzigsten Lebensjahr verbrachte er abwechselnd in seiner arabischen Heimat, in Europa, wo er sich u. a. in Paris dem Künstlerkreis Rodin anschloß, und in den USA. 1910 ließ er sich endgültig in Amerika nieder, wo er sich fortan in erster Linie der Erneuerung der arabischen Literatur widmete. 1920 gründete er in New York die Arabische Literarische Gesellschaft. Khalil Gibran starb 1931 im amerikanischen Exil und wurde seinem Wunsch gemäß in einer Kapelle des Klosters Mar Sarkis in seinem Geburtsort Becharré beigesetzt.

Von Khalil Gibran liegen im Goldmann Verlag vor:

KHALIL GIBRAN

EURE SEELEN SIND FEUER

GEDANKEN UND MEDITATIONEN

Aus dem Amerikanischen übertragen
von Hans Christian Meiser

GOLDMANN VERLAG

Deutsche Erstveröffentlichung

Die amerikanische Originalausgabe erschien unter dem Titel
»Spiritual Sayings of Khalil Gibran« bei Citadel Press, Secaucus.
N.J.

Der Goldmann Verlag
ist ein Unternehmen der Verlagsgruppe Bertelsmann

Made in Germany · 7/89 · 1. Auflage
© der Originalausgabe 1962 by Anthony R. Ferris
© der deutschsprachigen Ausgabe 1989 by Wilhelm Goldmann Verlag,
München
Umschlaggestaltung: Design Team München
Umschlagillustration: Günter Vierow. Mit freundlicher
Genehmigung entnommen aus dem Buch »Wie Erde und Wind«,
Hermann Bauer Verlag, Freiburg
Satz: Filmsatz Schröter GmbH, München
Druck: Presse-Druck Augsburg
Verlagsnummer: 9409
Lektorat: Ulrike Kloepfer
Herstellung: Gisela Ernst
ISBN 3-442-09409-7

Inhalt

Gedanken und Meditationen

Einen Tautropfen betrachtend, entdeckte ich das Geheimnis des Meeres.

Wo finde ich den Menschen, der von der Einsicht anstatt von Trieben und bloßer Gewohnheit geleitet wird?

Je mehr Geschenke einer macht, desto weniger Freunde hat er.

Wenn du arm bist, meide die Gesellschaft derer, die mit der Elle des Reichtums messen.

Lieber bin ich – voll von Hoffnungen – ein Träumer unter Knechten als ein Herr unter Traum- und Wunschlosen.

Von den beiden Hauptgewinnen des Lebens, Schönheit und Wahrheit, fand ich den ersten in einem liebenden Herzen, den anderen in der Hand eines einfachen Arbeiters.

Über Seuchen spricht man voll Angst und Zittern, doch über Alexander und Napoleon, die so vieles zerstörten, voller Hochachtung.

Sparsamkeit gilt als edel – nur nicht bei den Geizhälsen.

Ich sah sie essen und wußte, wer sie waren.

Am tiefsten fällt, wer seine Träume vergoldet oder versilbert.

Zu einem hartnäckigen Schwätzer sagte einer: »Dein Reden beruhigt und heilt das leidende Herz.« Worauf der geschwätzige Mensch still ward und sich für einen Arzt ausgab.

Was soll ich über einen sagen, der mich schlägt, wenn ich ihn auf die Wange küsse, und der meine Füße küßt, sobald ich ihn schlage?

Wie schwer ist das Leben für den, der nach Liebe verlangt und Leidenschaft erhält!

Näher bei Gott zu sein heißt, den Menschen näher zu sein.

Haltet mich fern von dem, der sagt: »Ich bin das Licht, das den Menschen ihren Weg weist«; doch bringt mich zu dem, der seinen Weg durch das Licht der Menschen hindurch sucht.

Es bedeutet Sklaverei, sein Leben nur durch den Geist zu leben, es sei denn, dieser ist ein Teil des Körpers geworden.

Manch seidengleiches Antlitz ist von derbem Stoff umhüllt.

Gewisse Leute meinen, ich würde ihnen zuzwinkern, wenn ich meine Augen schließe, um ihren Anblick zu meiden.

Meine Beweiskraft überzeugt den Unwissenden, und das Argument des Klugen überzeugt mich. Doch dem, der weder weise noch töricht ist, kann ich nichts begreiflich machen, und auch er kann mir nichts beweisen.

Wenn Vergeltung die Zielsetzung der Religion ist, wenn Patriotismus dem Eigennutz dient und wenn Erziehung nur den Fortschritt fördert, dann wäre ich lieber ein Ungläubiger, ein Heimatloser und ein anspruchsloser Ignorant.

Eine neue Epoche der Entwicklungsgeschichte wird dann eintreten, wenn die Menschen ihre Verwandtschaft untereinander leugnen – so wie wir die Verwandtschaft mit den Affen nicht anerkennen.

✳

Manche hören mit den Ohren, andere mit dem Bauch und wieder andere mit ihrem Geldbeutel; aber einige hören überhaupt nicht.

✳

Gewisse Seelen sind wie Schwämme. Du kannst aus ihnen nichts herauspressen außer dem, was sie bereits von dir aufgesaugt haben.

✳

Gäbe es zwei völlig gleiche Menschen, die Welt wäre nicht groß genug, um beiden Platz zu bieten.

✳

Derjenige bringt Unglück über sein Land, der niemals ein Samenkorn sät, einen Grundstein legt oder ein Gewand webt, sich jedoch von der Politik in Besitz nehmen läßt.

Dies ist die Geschichte der Menschen: Geburt, Heirat, Tod; Geburt, Heirat, Tod...; doch plötzlich tritt ein Narr vor sie hin und erzählt ihnen von einer anderen Welt, deren aufgeklärtere Bewohner in ihren Träumen mehr sehen als nur Geburt, Heirat und Tod.

*

Je mehr man sich schmückt, desto mehr zeigt man seine Häßlichkeit.

*

Man sagt, daß Ruhe Zufriedenheit sei; doch ich sage euch, daß gerade in ihr Widerstand, Auflehnung und Verachtung wohnen.

*

Ich möchte noch einen unverbildeten Menschen treffen, dessen Ursprung nicht in meinem Geiste liegt.

*

Die Wahrheit ist die Tochter der Eingebung; doch Analysieren und Debattieren hält die Menschen von ihr fern.

Wer dir eine nicht begangene Sünde vergibt, verzeiht sich selbst sein eigenes Verbrechen.

Ein Findelkind wurde von seiner Mutter in Liebe und Hoffnung empfangen und in Furcht und Todesangst geboren. Mit dem letzten Rest von Liebe im Herzen legte sie es vor das Tor des Waisenhauses und schlich davon, während ihr Haupt sich unter der schweren Not beugte. Und, um ihr Unglück zu vervollkommnen, wird sie von uns noch verhöhnt: »Welch eine Schande! O wie schandhaft!«

Ehrgeiz ist auch eine Form von Arbeit.

Der Abstand zwischen einem Weisen und einem Narren ist geringer als die Stärke eines Spinnenfadens.

Manche finden Gefallen am Schmerz; und manche können nur mit Schmutz reinigen.

Die Furcht vor der Hölle ist die Hölle selbst, und die Sehnsucht nach dem Paradies ist schon das Paradies.

Man darf nicht vergessen, daß es noch Höhlenbewohner gibt; und die Höhlen sind unsere Herzen.

Wir mögen uns mit den Jahreszeiten verändern, doch die Jahreszeiten verändern uns nicht.

Drei Dinge liebe ich in der Literatur: Rebellion, Perfektion und Abstraktion. Und die drei Dinge, die ich ablehne, sind: Nachahmung, Verzerrung und Verwicklung.

Wenn du zwischen zwei Übeln wählen mußt, nimm lieber das offensichtliche als das verborgene, auch wenn es größer als das andere erscheint.

Befreit mich von dem, der die Wahrheit nicht ohne Schmerz ausspricht, von dem, dessen Benehmen gut, dessen Absicht jedoch schlecht ist, und von dem, der sich selbst Achtung verschafft, indem er die Fehler anderer findet.

Endet das Lied der See an der Küste oder in den Herzen derer, die es vernehmen?

Die Reichen suchen Verbrüderung mit dem Adel; und die von edler Geburt trachten danach, sich mit dem Vermögen zu vermählen; doch die einen verachten stets die anderen.

Die meisten von uns bewegen sich unsicher zwischen stummer Auflehnung und lautstarker Unterwürfigkeit.

Wer schlechte Absichten hegt, kommt kurz vor dem Erreichen seines Zieles zu Fall.

Der erhabenste Zustand der Seele besteht darin, selbst auf das zu achten, wogegen der Verstand sich auflehnt. Und die tiefste Ebene des Verstandes ist gegeben, wenn er sich gegen das erhebt, worauf die Seele achtet.

Sie nähren mich mit der Milch ihres Wohlwollens. Wenn sie nur wüßten, daß ich seit den Tagen meiner Geburt solcher Nahrung entwöhnt wurde.

»Spirituell« ist der Mensch, der alles Irdische erprobt hat und sich gegen alles Irdische auflehnt.

Seltsam, daß meine Tugend mir nichts als Schaden bringt, während das Schlechte mir stets zum Vorteil gereichte. Nichtsdestoweniger werde ich weiterhin voll Überzeugung auf meine Tugend setzen.

O Herz, wenn der Unwissende sagt, daß die Seele ebenso wie der Körper vergeht, dann antworte ihm, daß zwar die Blume verblüht, der Same jedoch bleibt. Dies ist göttliches Gesetz.

Wenn du das Tal sehen möchtest, steige auf den Berg. Willst du die Bergspitze erblicken, schwinge dich zur Wolke empor. Willst du jedoch die Wolke verstehen, schließe die Augen und denke nach.

Das Leben küßt uns auf die Wangen
Am Morgen und bei Tag,
Doch lacht es über unsere Taten
Am Abend und bei Nacht.

Höre auf die Frau, wenn sie dich anblickt, doch nicht, wenn sie dich anschwatzt.

Zuneigung ist die Jugend des Herzens, der Gedanke seine Reife, Beredsamkeit jedoch sein Greisentum.

Wer achtet auf den Gesang des Baches, wenn der Sturm wütet?

Schwer ist das Leben für den, der sich den Tod wünscht, doch seiner Angehörigen und Freunde wegen weiterlebt.

Ich wanderte in unerforschten Bereichen der Erde, als ich gefangen und versklavt wurde. Dann ließ man mich frei, und ich wurde ein gewöhnlicher Bürger, bald darauf ein Händler, ein Gelehrter, ein Minister, ein König, ein Tyrann. Vom Throne gestürzt, wurde ich ein Anführer, ein Schurke, ein Landstreicher und schließlich wieder ein Sklave, verloren in den unerforschten Bereichen meiner Seele.

*

So wie es zwischen Seele und Körper eine Verbindung gibt, ist auch der Körper mit seiner Umgebung verbunden.

*

Gib dich nicht mit wenigem zufrieden; derjenige, welcher in den Frühling des Lebens einen leeren Becher trägt, wird mit zwei vollen zurückkehren.

*

Wer durch die Augen Gottes auf uns blickt, wird unsere nackte Wirklichkeit sehen.

Gott versah die Wahrheit mit vielen Türen, um jeden Gläubigen willkommen zu heißen, sobald er anklopft.

Die Blume, die über den Wolken wächst, wird niemals verdorren. Und das Lied, welches die Morgenröte singt, wird nie vergehen.

Wer philosophiert, gleicht einem Spiegel, der Gegenstände reflektiert, die er nicht sehen kann, und ähnelt einer Höhle, welche die Stimmen, die sie nicht zu hören vermag, als Echo zurückwirft.

Ein Dichter ist derjenige, welcher beim Lesen seines Gedichts erkennen läßt, daß er die besten Verse noch nicht geschrieben hat.

Ein Tyrann möchte süßen Wein aus sauren Trauben keltern.

Welcher Mensch vermag es, auf dem Meeresgrund umherzuschlendern, als würde er in einem Garten spazierengehen?

Meinst du, das Wesen der Dinge verstehen zu können, indem du ihren Zweck erkundest? Kannst du denn etwas über die Blume des Weines sagen, wenn du nur in den Krug blickst?

Aus der Dunkelheit brach ein Licht und erleuchtete meinen Weg.

Unsere Seele durchmißt gewaltige Räume des Lebens, die nicht mit dem menschlichen Maß der Zeit gemessen werden können.

Wer tut, was sein Gewissen ihm verbietet, begeht eine Sünde. Aber auch der sündigt, der nicht tut, was sein Gewissen ihm befiehlt.

✳

Dichtung ist das Verborgene der Seele. Weshalb stammelt sie dann in Worten?

✳

Dichtung ist das Verstehen des Ganzen. Wie soll man dies einem deutlich machen, der nicht einmal einen Teil versteht?

✳

Dichtung ist eine Flamme im Herzen, doch die Redekunst ähnelt den Schneeflocken. Wie können Feuer und Schnee zusammenkommen?

✳

Wie eindringlich rät der Schlemmer dem Darbenden, die Pein des Hungers zu ertragen!

✳

Einst waren parlamentarische Regierungen die Errungenschaft von Revolutionen, heute sind sie das Ergebnis ökonomischer Überlegungen.

Ein kraftloses Volk schwächt seine eigenen starken Vertreter und stärkt die schwachen Repräsentanten einer starken Nation.

Es singt das Leid der Liebe, die Trauer des Wissens spricht, des Verlangens Schwermut flüstert, und der Schmerz der Armut weint. Doch gibt es eine Trauer, die tiefer ist als Liebe, erhabener als Wissen, stärker als das Verlangen und bitterer als die Armut. Sprachlos ist sie und stumm, doch glitzern ihre Augen wie die Sterne.

Zwischen den Schwingungen der singenden Stimme und dem Pochen des vernehmenden Herzens liegt das Geheimnis des Gesangs.

Liebe ist ein zitterndes Glück.

Ein Sänger kann mit seinem Gesang niemanden entzücken, wenn es ihm nicht selbst Vergnügen bereitet, zu singen.

Suchst du im Unglück Mitleid bei deinem Nachbarn, so gibst du ihm einen Teil deines Herzens. Ist es ein gütiger Nachbar, wird er es dir danken; ist er aber hartherzig, weist er dich ab.

Es gibt keinen Fortschritt, wenn man das verbessert, was bereits getan wurde, sondern nur dann, wenn man das anstrebt, was noch nicht getan worden ist.

Ein weiser Mann traf einen dummen Reichen, und sie sprachen über Erziehung und Wohlstand. Als sie voneinander schieden, fand der Weise nichts in seiner Hand als ein bißchen Schmutz, und der Reiche entdeckte in seinem Herzen nur einen Nebelschleier.

Die Wahrheit, die einer Prüfung bedarf, ist nur eine halbe Wahrheit.

Mit einer Weisheit, die nicht weint, einer Philosophie, die nicht zu lachen versteht, und einem Stolz,
der sich nicht vor einem Kind verbeugt, will ich
nichts zu tun haben.

Unter den Menschen gibt es Mörder, die noch keinen Tropfen Blut vergossen haben, Diebe, die noch
nichts gestohlen, und Lügner, die bislang die Wahrheit gesagt haben.

Zur Zeit der Ebbe schrieb ich
Worte in den Sand.
Ich legte mein Herz
Und meine ganze Seele hinein.
Zur Flutzeit kehrte ich zurück,
Um das Geschriebene zu lesen.
Nur meine Unwissenheit fand ich im Sand.

Kurzsichtig ist der, welcher nur auf den Weg blickt,
auf dem er geht, und auf die Wand, an die er sich
lehnt.

Man denkt, Tugend sei das, was mich beunruhigt und meines Nachbarn Gewissen erleichtert; und Sünde, was mein Gewissen erleichtert und meinen Nachbarn beunruhigt. Wisset, daß ich in meiner Einsiedelei – weit fort von euch – weder Heiliger noch Sünder sein kann.

Prüfe deinen gestrigen Kassenbericht, und du wirst sehen, daß du bei den Menschen und beim Leben noch verschuldet bist.

Zärtlichkeit und Güte sind nicht Zeichen von Schwäche und Verzweiflung, sondern Ausdruck von Stärke und Entschlossenheit.

Bedürftigkeit kann Überheblichkeit verbergen, und der Schmerz des Elends die Verstellung suchen.

Der Wilde pflückt eine Frucht vom Baum und ißt sie. Der Bürger einer zivilisierten Gesellschaft kauft eine Frucht von dem, der sie von einem anderen erworben hat, der sie wiederum von dem kaufte, der sie vom Baum pflückte.

*

Als ich meinen Schmerz auf den Acker der Geduld pflanzte, brachte er die Frucht des Glücks hervor.

*

Kunst ist ein Schritt aus dem Bekannten hin zum Unbekannten.

*

Neunmal wehe!

Wehe dem Volk, das von seiner Religion zum blinden Glauben abfällt, von der Landstraße zum Boulevard, von der Weisheit zur Logik.

Wehe dem Volk, das nicht webt, was es trägt, nicht pflanzt, was es ißt, und nicht den Wein keltert, den es trinkt.

Wehe dem Volk, das den Prunk des Siegers für vollendete Tugend hält und in dessen Augen die Häßlichkeit des Eroberers Schönheit ist.

Wehe dem Volk, das in seinen Träumen die Ungerechtigkeit bekämpft, sich jedoch dem Bösen ausliefert, wenn es wach ist.

Wehe dem Volk, das seine Stimme nur bei Begräbnissen erhebt, Ehrfurcht nur am Friedhof zeigt und sich erst dann auflehnt, wenn sein Nacken bereits unter dem Schwerte liegt.

Wehe dem Volk, dessen Staatskunst aus Spitzfindigkeit, dessen Denkart aus Gaukelei und dessen Wirtschaft aus Flickwerk besteht.

Wehe dem Volk, das einen Eroberer mit Trommeln und Pfeifen willkommen heißt, ihn später aber fortjagt, um einen anderen Eroberer mit Pauken und Trompeten zu begrüßen.

Wehe dem Volk, dessen Weise sprachlos, dessen Helden blind und dessen Rechtvertreter geschwätzig sind.

Wehe dem Volk, in dem jeder Stamm beansprucht, ein eigenes Volk zu sein.

Die Erziehung streut keinen Samen in euch hinein, sondern läßt Samen in euch aufgehen.

Ihr eßt in Eile, seid aber gemächlich, wenn ihr geht. Warum eßt ihr nicht mit den Füßen und geht auf den Händen?

Dem Schüler, der ganz aus Denken und Hingabe bestand, ward die Sprache verliehen, doch dem Lehrer, der ganz aus Sprache bestand, wurde nur wenig an Denken und Hingabe geschenkt.

Enthusiasmus ist ein feuerspeiender Berg, auf dessen Gipfel niemals das Gras des Zögerns wächst.

Der Mühlstein mag entzweibrechen, doch der Fluß strebt weiterhin dem Meere zu.

Eingebung ist, wenn du einen Teil des Ganzen mit dem Teil des Ganzen siehst, der in dir ist.

Widerspruch ist die niedrigste Form von Intelligenz.

Furcht vor dem Teufel ist ein Weg, um an Gott zu zweifeln.

Der Gutgläubige ist versucht, an der Gerechtigkeit zu zweifeln, wenn er sieht, mit welcher List der Fuchs über die Rechtschaffenheit des Löwen triumphiert.

Sklaven sind die Fehler der Könige.

Die Schwierigkeiten, auf die wir stoßen, wenn wir ein Ziel zu erlangen trachten, sind der kürzeste Weg zu ihm.

Man sagt, man solle einen schlafenden Sklaven nicht wecken, er träume vielleicht von der Freiheit. Darauf erwidere ich, daß man ihn wohl wecken solle – um mit ihm über Freiheit zu sprechen.

Durch die Lupe des menschlichen Auges erscheint die Welt größer, als sie ist.

Wenn die Erde ausatmet, gebiert sie uns. Atmet sie aber ein, ist Tod unser Los.

Was wir bei manchen Menschen Intelligenz nennen, ist nur ein örtliches Aufflammen ihres Verstandes.

Kunst entsteht dann, wenn die verborgene Phantasie des Künstlers und das Erscheinungsbild der Wirklichkeit übereinkommen, neue Gestalt anzunehmen.

Martyrium ist freiwilliges Abfallen der göttlichen Seele auf die Ebene der menschlichen Seele.

Zwang ist ein Spiegel, in dem derjenige, welcher lange genug hineinblickt, entdecken kann, wie sein Innerstes Selbstmord begeht.

Das, was dir häßlich erscheint, ist nur eine Täuschung des Äußeren gegenüber deinem Inneren.

Wenn es um unsere eigenen Interessen geht, sind wir sehr praktisch veranlagt; doch wir zeigen uns als Idealisten, sobald es um die Interessen der anderen geht.

Ich bedaure denjenigen, dessen Lippen und Zunge mit Worten des Lobes geizen, während seine Hand sich nach Almosen ausstreckt.

Derjenige ist tugendhaft, der sich selbst nicht freispricht von den Fehlern der Menschen.

Zu erkennen, daß das Los des Menschen der Frucht am Baume gleicht, heißt, die Einheit des Lebens zu begreifen.

Die Geschichte wiederholt sich nicht, außer in den Gehirnen derer, die von Geschichte nichts wissen.

Das Böse ist etwas Untaugliches, denn nur langsam paßt es sich dem Gesetz der immerwährenden Tauglichkeit an.

Warum schöpfen manche Menschen aus deinem See und rühmen sich ihres Flüßchens?

Der ist frei, der die Bürde der Sklaven mit Langmut trägt.

Die Schönheit im Herzen eines Menschen ist erhabener als diejenige, die man mit Augen sehen kann.

Jeder Erneuerer ist ein Umgestalter. Handelt er richtig, führt er die Menschen auf den rechten Weg. Handelt er falsch, wird die Besessenheit, die er in ihnen entfacht, sie antreiben, für das Richtige einzutreten.

Sprichworte sind so lange ohne Bedeutung, wie sie nicht zu Gewohnheiten werden.

Die Notwendigkeit einer Erläuterung zeigt die Schwäche eines Textes.

Glaube ist das Wissen im Herzen, das keines Nachweises bedarf.

Menschlichkeit ist Göttlichkeit: verteilt im Äußeren und vereint im Inneren.

Wer beim Begräbnis seines Nachbarn in seinem feinsten Anzug erscheint, wird bei der Hochzeit seines Sohnes Lumpen tragen.

Einem arabischen Sprichwort zufolge gibt es weder einen Phönix, noch einen Ghul*, noch einen wirklichen Busenfreund. Aber ich sage euch, ich habe alle drei in meiner Nachbarschaft getroffen.

Der schöpferische Mensch beachtet den Kritiker solange nicht, wie sein Genius fruchtbar ist.

Wohlstand entsteht durch zweierlei Dinge: durch die Nutzung des Bodens und die Verteilung seiner Produkte.

Der Gerechte steht den Herzen der Menschen nahe, der Gütige jedoch dem Herzen Gottes.

* Dämon, der Leichen frißt – Anm. d. Übers.

Wer eine Frau bedauert, setzt sie herab. Wer ihr die Laster der menschlichen Gesellschaft zuschreibt, unterdrückt sie. Wer meint, ihre Güte stamme von seiner Güte und ihre Verderbtheit von der seinen, ist schamlos in dieser Anmaßung. Doch wer sie annimmt, wie Gott sie geschaffen hat, ist ihr gegenüber gerecht.

Armut ist ein zeitgebundenes Übel, üppig wuchernder Wohlstand jedoch ein beständiges Leiden.

Die Erinnerung ist ein Stolperstein auf dem Weg der Hoffnung.

Unser schlimmster Fehler ist unser Vorurteil gegenüber den Fehlern der anderen.

Ich spreche niemals, ohne zu irren, denn meine Gedanken stammen aus der Welt der Begriffe und meine Behauptungen aus der Welt der Beweise.

Dichtung ist ein leuchtender Blitz. Sobald sie aber nur ein loses Aneinanderreihen von Worten darstellt, wird sie zu bloßem Schriftsatz.

Gäbe es kein Sehen und kein Hören, so wären Licht und Klang nichts als ein pulsierendes Chaos im Weltraum. Und gäbe es nicht das Herz, das du liebst, wärest du feiner Staub, den der Wind davonträgt.

Leidenschaftliche Liebe ist ein nicht zu löschender Durst.

Niemand glaubt dem Aufrichtigen außer dem Rechtschaffenen.

Willst du eine Frau verstehen, so betrachte ihren Mund, wenn sie lächelt; solltest du jedoch einen Mann erforschen, dann beobachte seine Augen, wenn er ärgerlich ist.

Die Künste der Völker

Die Kunst der Ägypter liegt im Geheimnisvollen,
die der Chaldäer in der Berechnung.
Die Kunst der Griechen ist das Ebenmaß,
die der Römer findet sich im Widerhall.
Die Kunst der Chinesen liegt im guten Benehmen,
die der Hindus im Wägen von Böse und Gut.
Die Kunst der Juden ist ihr Urteilsvermögen,
die der Araber Erinnerung und Übertreibung.
Die Kunst der Perser liegt in ihrem stolzen Wesen,
die der Franzosen in der Eleganz.
Die Kunst der Briten ist Zergliederung und Selbstge-
rechtigkeit,
die der Spanier fanatische Begeisterung.
Die Kunst der Italiener liegt in der Schönheit,
die der Deutschen ist ihr Ehrgeiz.
Die Kunst der Russen ist die Traurigkeit.

Jemand gab mir ein Lamm, und ich gab ihm ein
Kamel. Danach bot er mir zwei Lämmer an, und ich
gab ihm zwei Kamele. Schließlich kam er auf meine
Weide und zählte meine neun Kamele. Daraufhin
gab er mir neun Lämmer.

*

Derjenige nutzt den Menschen am meisten, der ihnen nicht zu nahe kommt.

*

Aus zwei Teilen besteht das menschliche Ich. Der eine Teil trachtet danach, sich selbst zu erkennen, der andere will von den Menschen erkannt werden.

*

Wissenschaft und Religion kommen miteinander aus, doch Wissenschaft und Glaube niemals.

*

Untertanen sind besonders begierig, etwas über ihre Herrscher zu erfahren.

*

Krankenpflege ist eine Art Einbalsamierung.

*

Wäre Dasein nicht besser gewesen als Nicht-Dasein, gäbe es kein Sein.

*

Wenn du das Ziel deiner Pilgerreise erreicht hast, wirst du überall Schönes sehen, sogar in Augen, die niemals Schönheit erblickten.

Ich sollte meine Juwelen den Schweinen vorwerfen, auf daß diese sie verschlingen und dann entweder an Völlerei oder an Verdauungsbeschwerden eingehen.

Kann einer singen, wenn er den Mund voller Schmutz hat?

Wenn die Liebe schwindet, wird sie eine Sache des Verstandes.

Es gibt zwei Arten von Dichtern: den intellektuellen mit einer schrittweise erworbenen Persönlichkeit und den erleuchteten, der schon er selbst war, bevor sein Menschwerden begann. Und die Unterscheidung von Intelligenz und Eingebung innerhalb der Dichtkunst gleicht dem Unterschied zwischen scharfen Fingernägeln, welche die Haut aufreißen, und zarten Lippen, welche die Wunden des Körpers küssen und heilen.

Um das Herz und die Gesinnung eines Menschen zu verstehen, solltest du nicht darauf achten, was er bereits erreicht hat, sondern darauf, was er noch anstrebt.

Wer sich kleinen und nahe liegenden Ideen verschreibt, wird Schwierigkeiten haben, diejenigen wahrzunehmen, die groß und weit entfernt sind.

Lobreden bringen mich immer in Verlegenheit, weil derjenige, der sie hält, mich durch seine Prahlereien vor aller Welt als unverschämt erscheinen läßt.

Immer wenn ich über Jesus nachdachte, sah ich ihn entweder als Kind, das in der Krippe liegt und das Gesicht seiner Mutter zum ersten Mal erblickt, oder als Gekreuzigten, der Mariens Antlitz zum letzten Mal erschaut.

Wir alle sind Krieger auf dem Schlachtfeld des Lebens, doch einige führen und die anderen folgen.

Eure Seelen sind Feuer und eure Körper die Asche.

Der Schreibstift ist ein Zepter, doch wie selten sind Könige unter den Schriftstellern.

Wer seine wahre Absicht hinter blumigen Worten verbirgt, gleicht einer Frau, die ihre Häßlichkeit mit Schönheitsmitteln zu vertuschen sucht.

Wüßte ich die Ursache meiner Unwissenheit, wäre ich ein Weiser.

Auch wenn dereinst die Pyramiden Ägyptens dem Erdboden gleichgemacht sein werden und die Wolkenkratzer New Yorks nicht mehr stehen, die Schmetterlinge werden weiterhin über die Felder schweben, und die Tautropfen werden auf dem Grase glänzen.

Wie können wir das Lied des Feldes vernehmen, wenn unsere Ohren den Lärm der Stadt schlucken müssen?

Handel ist Diebstahl, mit Ausnahme des Tauschhandels.

Der beste Mensch ist der, welcher errötet, wenn man ihn lobt, und der sich ruhig verhält, wenn man ihn verleumdet.

Es ist wahr, daß die Liebe vom Schmerz begleitet wird und daß die Verantwortung auch Freude schenkt.

Was ein Mensch offen darlegt, unterscheidet sich von dem, was er verbirgt, genauso, wie sich der Regen über den Feldern von den Wolken über den Bergen unterscheidet.

Der Chemiker, der aus den Bestandteilen seines Herzens Mitleid, Achtung, Sehnsucht, Geduld, Überraschung, Reue und Vergebung filtern könnte, um all dies zu einer Einheit zu fassen, hätte das Atom geschaffen, das man LIEBE nennt.

Wer mit Nachdruck verlangt, eine edle Tat zu vollbringen, wird dies niemals verwirklichen können.

Der Starke wächst in der Einsamkeit, der Schwache verdorrt in ihr.

Man sagt, wer sich selbst versteht, begreift alle Menschen. Doch ich sage euch, wenn jemand die Menschen liebt, lernt er etwas über sich selbst.

Noch keiner hat mich von etwas abgehalten, an dem er nicht selbst Interesse hatte.

Ruhm lastet auf den Schultern eines vortrefflichen Menschen, und nach der Art, wie er diese Last trägt, beurteilen ihn die anderen. Trägt er sie, ohne zu schwanken, wird man ihn zum Helden erheben; gleitet er jedoch aus und fällt, zählt man ihn zu den Betrügern.

Der Optimist sieht eine Rose, nicht aber ihre Dornen. Der Pessimist starrt auf die Dornen und vergißt die Rose.

Mit Wünschen und Begierden nimmt das Leben uns in Besitz. Ob wir wollen oder nicht, wir müssen uns bemühen, die Wünsche zu verwirklichen und die Begierden zu stillen.

Wer die Person des Sokrates nicht versteht, wird von Alexander fasziniert sein; begreift er Vergil nicht, lobt er Caesar; erfaßt sein Verstand nicht, was Laplace wollte, wird er Napoleon rühmen. Ich fand heraus, daß in den Gehirnen derer, die Alexander, Caesar oder Napoleon bewundern, stets eine Spur von Servilität vorhanden ist.

Erfindet der Mensch eine Maschine, läßt er sie laufen; doch bald läßt die Maschine ihn laufen, und er
wird der Sklave seines eigenen Sklaven.

*

Positiv an manchen Reichen ist, daß sie uns lehren,
den Wohlstand zu verachten.

*

In der Redekunst überlistet die Zunge das Ohr, doch
in der Beredsamkeit begegnen sich Herz und Seele.

*

Kultur entstand in dem Augenblick, da der Mensch
begann, die Erde zu pflügen und Samen zu streuen.

*

Religion entstand, als der Mensch das Mitleid der
Sonne mit dem Samen, den er in die Erde gesät
hatte, wahrnahm.

Kunst entstand in dem Moment, als der Mensch die Sonne mit einem Lied der Dankbarkeit lobte.

Philosophie entstand, als der Mensch das aß, was die Erde hervorbrachte, und er an Verdauungsstörungen zu leiden begann.

Der Wert des Menschen liegt in den wenigen Dingen, die er hervorbringt, und nicht in den vielen Besitztümern, die er anhäuft.

Es gibt keinen wirklichen Wohlstand außerhalb der Bedürfnisse des Menschen.

Wer könnte sich von seiner Traurigkeit und seiner Einsamkeit trennen, ohne Leid im Herzen zu tragen?

Die Stimme muß Zunge und Lippen nicht auf ihren Flügeln tragen, sie dringt allein zum Himmel empor. Auch der Adler braucht sein Nest nicht auf seine Schwingen zu laden, er schwebt allein am weiten Firmament.

Liebe lernt ihre eigene Tiefe erst in der Stunde der Trennung kennen.

Glaube erkennt die Wahrheit eher, als es die Erfahrung vermag.

Die meisten Schriftsteller bessern ihre zerrissenen Gedanken mit Flicken aus, die sie in Wörterbüchern finden.

Gesetze, von Justiz und Religion erlassen, richten mehr Schaden an als Gesetzlosigkeit.

Die Netze des Gesetzes wurden ersonnen, allein um die kleinen Verbrecher zu fangen.

Geheuchelte Bescheidenheit ist nur verbrämte Unverschämtheit.

Mut, der sechste Sinn, findet den kürzesten Weg zum Erfolg.

Keuschheit des Körpers kann vom Geiz der Seele herrühren.

Beschütze mich, Herr, vor der Zunge der Viper und vor dem, welchem es nicht gelingt, den Ruhm zu erlangen, den er anstrebt.

Niemals traf ich einen dünkelhaften Menschen, der nicht auch innerlich verwirrt war.

Wir fürchten den Tod, und doch sehnen wir uns nach Schlummer und schönen Träumen.

Manche Menschen, die sich niemals getrauen würden, dir deine Besitztümer zu entreißen, halten es nicht für unrecht, sich in deine Gedanken einzumischen.

Unsere Trauer über einen Verstorbenen kann eine Form von Eifersucht sein.

Wir alle bewundern die Macht, doch die meisten sind besonders beeindruckt, wenn sie weder Form noch Inhalt hat. Sobald sie klar abgegrenzt ist und bedeutende Ziele aufweist, achten sie nur wenige.

Das Licht von Sternen, die schon erloschen sind, erreicht uns noch heute. Ebenso verhält es sich mit bedeutenden Menschen, die vor Jahrhunderten starben, uns mit den Strahlen ihrer Persönlichkeit jedoch immer noch erreichen.

König der Könige ist, wer die Liebe der Armen gewinnen kann.

✳

Es gibt keine Annehmlichkeit in unserer gegenwärtigen Kultur, die nicht auch Unbehagen hervorruft.

✳

Dein Vertrauen in die Menschen und dein Zweifel an ihnen ist eng verbunden mit deinem Selbstvertrauen und dem Zweifel an dir selbst.

✳

Wir fordern Rede- und Pressefreiheit, obwohl wir nichts zu sagen haben und nichts, das es wert wäre, gedruckt zu werden.

✳

Dir, der du mir den »goldenen Mittelweg« als die beste Form des Lebens anpreist, antworte ich: »Wer will schon lauwarm sein, weder kalt noch heiß, wer möchte zwischen Leben und Tod zittern oder einem Gelee gleichen, das weder fest noch flüssig ist?«

Kraft und Duldsamkeit sind Kameraden.

*

Innere Leere und Liebe sind wie Ebbe und Flut.

*

Armut verbirgt sich im Denken, ehe sie in den Geld-
börsen erscheint.

*

Der Mensch kann und wird niemals etwas erfinden;
er entdeckt es lediglich.

*

Den kürzesten Weg zwischen zwei Punkten ausfin-
dig zu machen, ist eine philosophische Aufgabe.

*

Wäre es für die Regierungen nicht wirtschaftlicher,
Heime für Gesunde anstatt für Verrückte zu errich-
ten?

Als Grundstein sollte stets der härteste Stein verwendet werden.

*

Als ich an meine Tür schrieb:
»Legt eure Bräuche ab,
Bevor ihr eintretet«,
Wagte keiner mehr,
Mich zu besuchen oder die Tür zu öffnen.

*

Sogar die Gesetze des Lebens gehorchen dem Lebensgesetz.

*

Aufgrund der Trägheit meines Volkes lernte ich das Wagnis.

*

Derjenige verdient am ehesten, gelobt zu werden, dem sein Volk ungerechterweise das Lob vorenthält.

*

Ein wirklich religiöser Mensch schließt sich keiner Religion an; und wer sich einer Religion anschließt, hat keine.

Die meisten zart besaiteten Menschen verletzen deine Gefühle, damit du ihnen nicht zuvorkommst und die ihrigen verletzt.

Ein Schriftsteller, der seinen Stoff aus einem fremden Buch nimmt, gleicht einem, der sich Geld borgt, nur um es zu verleihen.

Als ich einem Mann, der mich lobte,
Nicht dankbar war,
Murrte er und zankte mich aus.
Still ertrug ich es,
Doch ihn verlachten die Leute.

Man sollte unterscheiden zwischen einem Geschenk, das einen beleidigt und einem, das ein Zeichen der Anerkennung ist.

Über den, der es wagt zu widersprechen, wird mehr geredet als über den, der mit allem übereinstimmt.

Ich zweifelte niemals an einer Wahrheit, die einer Erläuterung bedurfte, bis ich einmal selbst die Erläuterung geben mußte.

*

Das Süße ist dem Bitteren näher als dem Verfaulten, wie süßlich dieses auch riechen möge.

Das Wesen all dessen, was es auf Erden gibt – ob sichtbar oder nicht –, ist vom Geist durchdrungen. Sobald ich die unsichtbare Welt betrete, wird mein Körper von meinem Geist umhüllt. Wer also versucht, den Körper vom Geist zu trennen oder den Geist vom Körper, wendet sich von der Wahrheit ab. Die Blume und ihr Duft sind eins. Diejenigen sind blind, die Farbe und Gestalt der Blume verleugnen, indem sie sagen, ihr Duft sei nur eine Schwingung im Äther. Sie gleichen denen, deren Geruchssinn verkümmert ist und für die die Blumen nur Formen und Farbschattierungen ohne Wohlgeruch darstellen.

Alles Erschaffene lebt mitten in dir, wie auch alles, was in dir ist, in der Schöpfung lebt. Du stehst in grenzenloser Verbindung mit den nächstgelegenen Dingen, und – was noch mehr gilt – es gibt keine Entfernung, die dich von diesen Dingen trennen könnte. Alles, vom Niedrigsten bis zum Höchsten, vom Kleinsten bis zum Größten, lebt gleichberechtigt in dir. In einem einzigen Atom findest du alle Elemente der Erde, ein einziger Tropfen Wasser beinhaltet alle Geheimnisse des Ozeans, und in einer einzigen Regung des Geistes findest du die Bewegung sämtlicher Lebensgesetze.

Gott setzte in jede Seele einen Apostel, um uns auf den Pfad der Erleuchtung zu führen. Dennoch suchen viele das Leben außerhalb, ungeachtet der Tatsache, daß es in ihnen liegt.

Im Verlauf seiner Entwicklung bewegt sich das Leben schrittweise von wissenschaftlichen Versuchen zu verstandesmäßigen Theorien, sodann zu einem vergeistigten Empfinden, schließlich aber zu Gott hin.

Wir sind noch immer damit beschäftigt, die Muscheln zu untersuchen, als ob sie alles wären, was vom Meer des Lebens an die Küste von Tag und Nacht gespült wird.

Ein Baum, der meint, das Leben überlisten zu können, wenn er nur im Schatten lebt, verdorrt, wenn man ihn wieder zurückbringt und in die Sonne pflanzt.

*

Sprachen, Regierungen und religiöse Bekenntnisse sind aus dem goldenen Staub gebildet, der sich beiderseits des Weges erhebt, auf dem das herrliche Leben des Menschen vorwärtsschreitet.

*

Der Geist des Westens ist unser Freund, wenn wir ihn annehmen, doch unser Feind, wenn wir uns von ihm besitzen lassen; er ist unser Freund, wenn wir ihm unsere Herzen öffnen, und unser Feind, wenn wir sie ihm überlassen. Unser Freund ist er, wenn wir nur das nehmen, was uns entspricht, doch unser Feind, wenn wir zulassen, daß er es uns aufzwingt.

*

Erschöpfung bringt jeder Nation und jedem Volk den Untergang; sie bedeutet dumpfe Agonie und schlafähnlichen Tod.

Ein Töpfer vermag einen Weinkrug aus Lehm zu formen, doch nichts aus Sand und Kies.

Jammern und Klagen ziemt sich für jene, die vor dem Thron des Lebens stehen und von ihm scheiden, ohne einen Tropfen Schweiß von ihrer Stirn oder einen Tropfen Blut aus ihrem Herzen zurückzulassen.

Wir verschlingen das Brot der Barmherzigkeit, denn wir sind hungrig; es läßt uns wieder aufleben, doch dann verschlingt es uns.

Wie unsinnig ist es, auf die eine Seite eines Gebäudes einen Stein zu setzen und auf der anderen Seite eine Mauer niederzureißen!

Wie grausam ist eine Liebe, die eine Blume pflanzt und gleichzeitig das Gras auf der Wiese ausreißt; die uns einen Tag lang Leben schenkt und uns ein Leben lang betäubt!

Die Kunst, eine Sprache aufblühen zu lassen, liegt im Herzen des Dichters, auf seinen Lippen und in seinen Fingern. Er ist der Vermittler zwischen der schöpferischen Kraft und den Menschen. Er ist der Draht, der die Neuigkeiten aus der Sphäre des Geistes an die Welt der Erfahrung weitergibt. Der Dichter ist Vater und Mutter der Sprache, die dorthin geht, wo er hingeht. Stirbt er, bleibt sie niedergeschmettert an seinem Grabe zurück und weint verzweifelt, bis ein anderer Dichter kommt, um sie wieder erstehen zu lassen.

Das Unglück der Söhne liegt im Erbe der Eltern. Und wer es nicht ablehnt, wird ein Sklave des Todes bleiben, bis er stirbt.

Das Zittern läßt die Menschen, die vom Sturm des Lebens hin- und hergeworfen werden, lebendig erscheinen. In Wirklichkeit jedoch sind sie schon vom Tage ihrer Geburt an tot; unbestattet liegen sie da, und der Gestank der Verwesung dringt aus ihren Leibern.

Die Toten zittern vor dem Sturm, doch das Leben läßt sich von ihm treiben.

Verrückt sind diejenigen, die sich selbst anbeten, denn sie verehren nichts als Aas.

Innerhalb der Seele gibt es Geheimnisse, die keine Meinung aufdecken und keine Vermutung enthüllen kann.

Weil er in Furcht geboren wurde und wie ein Feigling lebt, verbirgt sich der Mensch in Erdspalten, wenn er den Sturm nahen sieht.

Der Vogel besitzt eine Ehre, die der Mensch nicht hat, denn dieser lebt in den Fallen der Gesetze und Gebräuche, die er selbst ersonnen hat; doch die Vögel leben nach dem Gesetz Gottes, der die Erde um die Sonne kreisen läßt.

Etwas zu glauben und etwas zu tun sind zwei verschiedene Dinge. Viele Menschen sprechen wie das Meer, doch ihr Leben ist ein Sumpf. Andere erheben ihre Häupter über die Gipfel der Berge, während ihre Seelen an dunklen Höhlenwänden haften.

Anbetung erfordert nicht Zurückgezogenheit und Einsamsein.

Ein Gebet ist das Lied des Herzens, das sich zum Throne Gottes emporhebt, selbst wenn es sich im Gejammer Tausender von Seelen verstrickt.

Gott schuf unseren Körper als Tempel für die Seele. Deshalb sollte er stark und rein bleiben, um der Gottheit würdig zu sein, die in ihm Wohnung genommen hat.

Wie fern bin ich den Menschen, wenn ich bei ihnen weile, und wie nahe, wenn ich fern von ihnen bin.

Die Menschen achten Mutterschaft, wenn sie das Gewand ihrer Gesetze trägt.

Wie der Tod verändert auch die Liebe alles.

Die Seele mancher Menschen gleicht einer Tafel, auf welche die Zeit Zeichen, Regeln und Beispiele schreibt, die mit einem nassen Schwamm in einem Augenblick gelöscht werden können.

Das Wesen der Musik liegt in der Schwingung, die im Ohr zurückbleibt, sobald der Sänger sein Lied beendet hat und der Musiker die Saiten nicht mehr berührt.

Was soll ich über den sagen, der sich Geld von mir borgt, um sich ein Schwert zu kaufen, mit dem er mich dann angreift?

Mein Feind sprach zu mir: »Liebe deinen Feind!«
Ich gehorchte ihm und liebte mich selbst.

✽

Der Schwarze sagte zum Weißen: »Wenn du grau
wärest, würde ich dir gegenüber nachsichtig sein.«

✽

Viele, die den Preis einer Sache kennen, wissen
nichts über ihren Wert.

✽

Die Geschichte eines jeden Menschen steht auf seiner Stirn geschrieben, doch in einer Sprache, die nur
der zu lesen vermag, der solche Offenbarungen empfangen kann.

✽

Zeige mir das Gesicht deiner Mutter, und ich sage
dir, wer du bist.

✽

Ich kenne seinen Vater; wie kannst du annehmen,
daß ich ihn, den Sohn, nicht kenne?

Die Freiheit dessen, der damit prahlt, ist Sklaverei.

Manche Leute erwähnen öffentlich nicht, daß sie mir dankbar sind, aber sie verbreiten *ihre* Auffassung von meinen Gaben, um selbst bewundert zu werden.

Guter Geschmack liegt nicht darin, die richtige Wahl zu treffen, sondern bedeutet, in einem Gegenstand die natürliche Einheit von Quantität und Qualität wahrzunehmen.

Die Grobheit eines Menschen ist manchmal der Sanftmut eines anderen vorzuziehen.

Wenn Menschen das verschmähen, was sie nicht begreifen, dann gleichen sie Fieberkranken, denen das erlesenste Mahl zuwider ist.

Ich liebe die glattgesichtigen Kinder, aber auch die bärtigen Erwachsenen; doch nur dann, wenn sie wirklich der Wiege und den Windeln entwachsen sind.

Der Wolf erlegt das Lamm im Dunkel der Nacht, doch die Blutflecken bleiben und klagen ihn bei Tag an.

Den gerechten Mann läßt Verfolgung nicht zu Schaden kommen; und auch Unterdrückung bekümmert ihn nicht, wenn er auf der Seite der Wahrheit steht. Sokrates lächelte, als er den Giftbecher austrank, und Stephanus lächelte, als er gesteinigt wurde. Was wirklich verletzt wird, ist unser Gewissen, das schmerzt, sobald wir uns ihm widersetzen, und das stirbt, wenn wir Verrat an ihm begehen.

Die voranschreitende Zeit zerstört, was der Mensch schuf; aber sie kann weder seine Träume auslöschen noch seine schöpferischen Gaben schwächen. All dies bleibt, denn es ist ein Teil des Ewigen Geistes, auch wenn er sich ab und zu verbirgt oder schläft, gleich der Sonne bei Einbruch der Nacht oder dem Mond in der Morgendämmerung.

Die junge Libanesin gleicht einer Quelle, die aus dem Herzen der Erde strömt und durch die Täler flutet. Findet sie keinen Zugang zum Meer, verwandelt sie sich in einen ruhigen See, der auf seiner wachsenden Oberfläche das Glitzern der Sonne und den Schein des Mondes widerspiegelt.

Habe ich nicht Hunger und Durst, Leid und Hohn der Wahrheit wegen ausgestanden, die der Himmel in meinem Herzen erweckt hat?

Wahrheit ist der Wille und das Ziel Gottes im Menschen.

Ich werde dem Pfad folgen, wohin auch immer mein Schicksal und mein Eintreten für die Wahrheit mich führen werden.

Der Mensch, der seinen Reichtum ererbt hat, errichtet sein Haus mit dem Geld, das den Armen und Schwachen genommen wurde.

Der zu Tode verwundete Vogel tut seine letzten qualvollen Schritte unfreiwillig und ohne zu wissen, warum; doch diejenigen, welche Zeugen dieses schrecklichen Tanzes sind, kennen den Grund.

Derjenige ist ein Verräter, der das Evangelium als eine Drohung benutzt, um den Leuten Geld herauszulocken... ein Heuchler, der das Kreuz wie ein Schwert verwendet... ein Wolf, der sich unter dem Fell eines Lammes verbirgt... ein Vielfraß, der die Tafel mehr bewundert als den Altar... eine goldgierige Kreatur, die der rollenden Münze bis in das fernste Land nacheilt... ein Betrüger, der Witwen und Waisen bestiehlt. Er ist ein Ungeheuer mit dem Schnabel eines Adlers, den Krallen eines Tigers, den Zähnen einer Hyäne und dem Gift einer Viper.

Gott legte in euer Herz eine Fackel, die voll Weisheit und Schönheit glüht. Es ist eine Sünde, diese Fackel auszulöschen und sie in Asche zu ersticken.

Gott schuf euren Geist mit Flügeln, damit er sich zu den gewaltigen Räumen von Liebe und Freiheit emporhebe. Wie traurig, wenn ihr eure Flügel eigenhändig stutzt und es duldet, daß euer Geist sich wie ein Wurm auf der Erde windet.

Logik

An einem regnerischen Abend in Beirut gab sich Effendi Salem Deybis seinen Studien hin und blätterte in einem alten Buch. Von seinen wulstigen Lippen stiegen gelegentlich Rauchwölkchen empor, die aus einer türkischen Zigarette stammten. Effendi Salem las den Dialog der Selbsterkenntnis des Sokrates, so wie er von seinem Schüler Platon aufgezeichnet wurde. Effendi Salem dachte über das, was er las, lange nach und war voll des Lobes für die Philosophen des Abend- und des Morgenlandes.

»Erkenne dich selbst«, ahmte er den Sokrates nach, sprang von seinem Stuhl auf, warf die Arme in die Höhe und rief: »Wie wahr, ich muß mich selbst erkennen und tief in das Geheimnis meines Herzens eindringen; nur so kann ich Zweifel und Angst bannen. Es ist nun meine oberste Pflicht, dem materiellen Sein mein geistiges Sein zu enthüllen und dann die Geheimnisse meines menschlichen Daseins dem nichtgegenständlichen Wesen zu offenbaren.«

Mit ungewohnter Glut leuchteten seine Augen, voll Liebe zur Erkenntnis – zur Selbsterkenntnis.

Dann begab er sich in das angrenzende Zimmer und verharrte dort vor dem Spiegel wie eine Statue, bestaunte sein geistiges Selbst und grübelte über die Form seines Kopfes und seines Gesichts, sowie über den Wuchs seiner Glieder und seines Körpers nach.

Eine halbe Stunde lang verharrte er in dieser Stellung, als würde die Ewige Weisheit ihn mit wundervollen und erhabenen Gedanken überströmen, in denen die Geheimnisse seiner Seele offen dalägen und sein Herz mit Licht erfüllten. Gelassen begann er daraufhin, mit sich selbst zu sprechen: »Ich bin von kleiner Statur, doch waren das nicht auch Napoleon und Victor Hugo? Ich habe eine niedrige Stirn, doch die hatten auch Sokrates und Spinoza. Glatzköpfig bin ich wie Shakespeare. Meine Nase ist lang und gekrümmt – fast wie die von Voltaire und George Washington. Ich habe tiefliegende Augen, doch die hatten auch der Apostel Paulus und Nietzsche. Meine aufgeworfenen Lippen gleichen denen von Ludwig XIV., und mein gedrungener Nacken sieht aus wie der von Hannibal und Marcus Antonius.« Nach einer Weile fuhr er fort:

»Meine Ohren sind lang und mögen eher auf den Kopf eines Tieres passen, doch Cervantes hatte ebensolche Ohren. Meine Gesichtszüge stehen weit vor, und meine Wangen sind eingefallen, aber so sahen auch Lafayette und Lincoln aus. Ich habe ein fliehendes Kinn wie William Pitt und Goldsmith. Eine meiner Schultern ist höher als die andere, aber das war auch bei den Schultern von Gambetta so.

Meine Handflächen sind zu dick und meine Finger zu kurz, doch darin gleiche ich Eddington.

Ich sehe abgemagert aus, aber ist dies nicht ein charakteristisches Merkmal, das großen Denkern gemeinsam ist? Sonderbar, ich kann mich auch nicht niedersetzen, um etwas zu lesen oder zu schreiben, ohne dabei Kaffee zu trinken – genauso wie Balzac. Überdies neige ich dazu, mich mit dem gewöhnlichen Volk einzulassen; in dieser Hinsicht gleiche ich Tolstoi. Manchmal wasche ich mir drei oder vier Tage lang nicht Hände und Gesicht; so wie auch Beethoven und Walt Whitman. Sobald ich mir Zeit zur Entspannung nehme, höre ich seltsamerweise dem Klatsch der Frauen zu, wenn sie sich erzählen, was sie während der Abwesenheit ihrer Männer tun. Genau das tat auch Boccaccio. Mein Durst nach Wein übersteigt den eines Christopher Marlowe, eines Abi Nowas und sogar den Noahs, und meine Eßlust übertrifft die des Emirs von Baschir und die des großen Alexander.«

Wieder hielt Effendi Salem inne, tippte sich mit seinen schmutzigen Fingern an die Stirn und sprach weiter:

»Das bin ich, das ist mein wirkliches Wesen. Ich besitze alle Eigenschaften der großen Männer vom Anbeginn der Geschichte bis zum heutigen Tag. Ein junger Mensch, ausgestattet mit solchen Qualitäten, ist für große Leistungen und Taten bestimmt.

In der Selbsterkenntnis liegt das Wesen der Weisheit. Nun werde ich das große Werk, zu dem ich durch den gewaltigen Geist des Universums berufen bin, beginnen; denn es war dieser Geist, der gewisse sichtbare Wesenszüge tief in mein Herz pflanzte. Große Männer habe ich begleitet – von Noah bis Sokrates, von Boccaccio bis Achmed Farris Shidyak. Ich weiß nicht, mit welcher gewaltigen Tat ich beginnen werde, doch ein Mensch, der in seinem mystischen Sein und in seinem wirklichen Wesen alle diese geheimnisvollen Eigenschaften, die von der Hand des Tages und der Eingebung der Nacht geformt sind, in sich vereinigt, ist zweifellos befähigt, große Dinge zu vollbringen ... Ich habe mich selbst erkannt; und die Göttlichkeit hat mich erkannt. Lang lebe meine Seele und lang lebe ich selbst! Möge das Weltall niemals untergehen, damit ich meine Absichten verwirklichen kann.«

Und Effendi Salem ging in seinem Zimmer auf und ab, sein häßliches Gesicht glänzte vor Freude, und mit einer Stimme, die wie das Miauen einer Katze und gleichzeitig wie Knochengeklapper klang, sprach er folgende Verse von Abi' Al-Ala' Al Ma'arri:

> *Auch wenn ich der Letzte meiner Zeit bin,*
> *Werde ich etwas schaffen, was meine*
> *Väter und Vorväter nicht schufen.*

Und bald schlief unser Freund in seinem unordentlichen Gewand auf seinem schmutzigen Bett ein, und sein Schnarchen klang wie das Reiben von Mühlsteinen.

Die größere See

Gestern – wie weit entfernt und wie nahe gestern doch ist! – wandelten meine Seele und ich hin zu der großen See, um den Schmutz, der an unserem Körper klebte, abzuwaschen.

Als wir an das Ufer gelangten, suchten wir einen einsamen Ort, um den Blicken der Menschen zu entgehen. Da sahen wir einen Mann, der auf einem staubigen braunen Felsen saß und einen Sack in Händen hielt, aus dem er von Zeit zu Zeit eine Handvoll Salz nahm und es ins Meer streute.

Da sprach meine Seele zu mir: »Dieser Mann ist der Pessimist, der im Leben nur die Dunkelheit wahrnimmt. Er ist es nicht wert, unsere nackten Körper zu sehen. Laß uns einen anderen Ort suchen.«

Wir gingen weiter und kamen zu einer kleinen Bucht. Dort erblickten wir in der Nähe eines weißen Felsens einen Mann, der eine kleine Schachtel bei sich trug, die mit kostbaren Steinen verziert war. Von Zeit zu Zeit entnahm er ihr ein Stück Zucker und ließ es ins Meer fallen.

Da sagte meine Seele: »Dies ist der Optimist; er will

das Unmögliche erreichen. Auch er ist nicht würdig, unsere nackten Körper zu sehen.«

Da trafen wir auf einen Mann, der am Ufer stand, einen kleinen toten Fisch aufhob und ihn zurück ins Meer warf.

Da sprach meine Seele zu mir: »Dies ist der erbarmungswürdige Narr, der Totes wieder lebendig machen will. Wir wollen uns von ihm fernhalten.«

Wir gingen weiter, bis wir einem vierten Mann begegneten. Er zeichnete seinen Schatten in den Sand, doch die Wogen der See zerstörten sogleich sein Gebilde.

Da sagte meine Seele: »Dies ist der Mystiker, der aus seiner Vorstellung ein Götzenbild schaffen möchte, um es anzubeten. Meiden wir ihn.«

Und wir trafen einen fünften Mann, der stand an einer seichten Stelle im Wasser, schöpfte den Schaum von den Wellen und füllte ihn in eine kostbare Vase.

Da sprach meine Seele zu mir: »Dies ist der Idealist; er fertigt sich ein Kleid aus Spinnengewebe. Auch er soll unsere nackten Körper nicht sehen.«

Wir setzten unseren Weg fort, bis wir eine Stimme laut sagen hörten: »Dies ist die tiefe See. Dies ist die schreckliche und große See.«

Wir suchten herauszufinden, woher diese Stimme kam, und stießen auf einen Mann, der mit dem Rücken zum Wasser stand. Er hielt eine Muschel an sein Ohr und lauschte ihrem Rauschen.

Da sagte meine Seele: »Laß uns fortgehen, denn

dieser Mann ist der Skeptiker, der sich von der Ganzheit, die er nicht fassen kann, abwendet und sich von Nebensächlichkeiten leiten läßt.«

Wieder gingen wir weiter, bis wir zu einem siebenten Mann gelangten, der zwischen zwei Felsen stand, seinen Kopf jedoch im Sand vergraben hatte.

Da sprach ich: »O Seele, laß uns hier baden, denn dieser Mann kann uns nicht sehen.«

Doch meine Seele schüttelte den Kopf und sprach: »Nein und tausendmal nein. Der, den du hier siehst, ist der schlimmste von allen. Er ist ein gottesfürchtiger Mensch, der den Schwierigkeiten des Lebens ausweicht, gleichzeitig aber auch all seinen Freuden entgeht.«

Daraufhin überschattete tiefe Trauer das Antlitz meiner Seele, und wehmütig sagte ich: »Laß uns diesen Gestaden den Rücken kehren, denn hier finden wir keinen abgeschiedenen Platz. Ich kann es nicht zulassen, daß an solchem Ort der Wind mit meinem langen goldenen Haar spielt und meine Brust der Sonne preisgegeben ist. Ich werde mich hier nicht ausziehen und nackt im Lichte stehen.«

Meine Seele und ich ließen die große See hinter uns und machten uns auf die Suche nach der größeren See.

Der Fez und die Unabhängigkeit

Kürzlich las ich den Artikel eines Gelehrten, der sich über die Besatzung eines französischen Dampfers beschwerte, auf dem er von Syrien nach Ägypten gefahren war. Seine Beschwerde lag darin, daß man ihn gezwungen oder besser ihm nahegelegt hatte, seinen Fez abzunehmen, solange er mit der Mannschaft bei Tisch saß.

Wir alle wissen, daß die Menschen des Abendlandes die Sitte haben, ohne Kopfbedeckung zu speisen. Am Protest unseres Gelehrten überraschte mich, daß er so nachdrücklich auf der gegenteiligen Gewohnheit der Orientalen bestand, als einer symbolischen Handlung, die das Alltagsleben verschönert. Ich war ebenso betroffen wie damals, als ein Hindu-Prinz meine Einladung in die Mailänder Oper abwies. »Wenn du mich eingeladen hättest«, sagte er, »Dantes Inferno zu besuchen, hätte ich freudig angenommen; aber bitte – keine Oper. Ich kann nicht an einem Ort sitzen, wo ich meinen Turban ablegen muß und nicht rauchen darf.«

Es freut mich, wenn ein Orientale sogar noch am

Schatten seiner Gebräuche und Überlieferungen festhält. Gleichwohl gilt es, einige harte Tatsachen zu überlegen.

Wenn unser gelehrter Freund, der sich darüber beklagte, daß er auf einem europäischen Schiff seinen Fez abnehmen mußte, bedacht hätte, daß diese edle Kopfbedeckung in einer europäischen Fabrik hergestellt wurde, wäre es ihm möglicherweise leichter gefallen, ihn vom Kopf zu nehmen.

Solch eine unabhängige Selbstbehauptung hätte sich vor allem für die nationale Wirtschaft und Kultur besser ausgenommen. Unser Gelehrter hätte seiner syrischen Vorväter gedenken sollen, die mit einem syrischen Boot nach Ägypten zu segeln pflegten, und dies in Gewändern, die von syrischen Händen gesponnen, gewebt und geschneidert waren. Es wäre besser gewesen, auch er hätte Kleider getragen, die aus seinem Heimatland stammten, und wäre mit einem syrischen Schiff unter einer syrischen Besatzung gereist.

Das Problem mit unserem Gelehrten ist, daß er sich unbegründeterweise auflehnte. So machen es die meisten Orientalen: Sie bestehen darauf, orientalisch zu sein, sind es aber nur in kleinen und unbedeutenden Belangen. Dagegen prahlen sie mit Dingen, die sie vom Abendland übernommen haben und die beileibe nicht klein und unbedeutend sind.

Unserem Gelehrten und der ganzen Sippe der Fez-Träger möchte ich folgendes sagen: »Stellt eure Feze in eigenen Werkstätten her. Dann könnt ihr selbst entscheiden, was ihr damit tut, wenn ihr auf einem Schiff fahrt, einen Berg besteigt oder eine Höhle betretet.«

Der Himmel sei mein Zeuge: Ich schrieb dies nicht, um eine Diskussion in Gang zu bringen, wann man einen Fez tragen soll oder nicht. Es gibt andere Angriffsziele als einen Fez auf dem Kopf eines schwankenden Körpers.

Assilban

Ort: Haus des Jussif Mussirrah in Beirut
Zeit: Ein Abend im Frühjahr 1901

Personen:

PAUL ASSILBAN, Musiker und Schriftsteller
JUSSIF MUSSIRRAH, Schriftsteller und Gelehrter
HELEN MUSSIRRAH, die Schwester Jussifs
SALEM MOWAD, Dichter und Lautenspieler
KHALIL BEY TAMER, Beauftragter der Regierung

Der Vorhang hebt sich über einem Salon in JUSSIF
MUSSIRRAHS *Haus. Es ist ein geräumiger, schöner
Raum. Auf den Tischen liegen Bücher, Zeitschriften
und Zeitungen.* KHALIL BEY TAMER *zieht an einer
Wasserpfeife,* HELEN *ist mit Sticken beschäftigt, und*
JUSSIF MUSSIRRAH *raucht eine Zigarette.*

KHALIL (*wendet sich* JUSSIF *zu*): Gestern las ich deinen
Artikel über die Schönen Künste, und er gefiel mir
sehr gut. Hätte er nicht diesen europäischen Tonfall,
würde ich behaupten, er sei das Beste, was ich je

gelesen habe. Doch der Einfluß des Westens läßt mich Böses ahnen.

JUSSIF: Du magst recht haben, mein Freund, aber dein Handeln widerspricht deiner Anschauung. Du trägst europäische Kleidung, verwendest in der Küche europäische Geräte und sitzt auf Stühlen aus dem Abendland. Und darüber hinaus verwendest du mehr Zeit auf das Lesen westlicher Literatur als auf arabische Bücher.

KHALIL: Die arabischen Bücher sind oberflächlich; sie haben keinerlei Beziehung zu wirklicher Kultur.

JUSSIF: Doch, sie haben sogar eine äußerst lebendige und tiefgründige Beziehung. Wenn du etwas mehr nachdenken würdest, könntest du feststellen, daß sie Kunst, Sitte, Lebensart, Religion und Tradition widerspiegeln und beeinflussen – also jeden Aspekt unseres Lebens.

KHALIL: Ich bin Orientale und werde Orientale bleiben, ungeachtet meines europäischen Gewandes. Es ist mein aufrichtiger Wunsch, daß die arabische Literatur von europäischen Einflüssen frei bleiben möge.

JUSSIF: Dann willst du also die arabische Literatur zum Untergang verdammen?

KHALIL: Wie kommst du darauf?

JUSSIF: Alte Kulturen, die es versäumen, sich durch das Entstehen neuer Kultur wiederzubeleben, sind zum geistigen Untergang verurteilt.

KHALIL: Kannst du das beweisen?

JUSSIF: Ich habe tausend Beweise dafür.

(*In diesem Augenblick treten* PAUL ASSILBAN *und* SA-LEM MOWAD *ein. Die anderen erheben sich ehrerbietig.*)

JUSSIF: Willkommen in unserem Hause, Brüder!

(*An* PAUL ASSILBAN *gewendet*) Willkommen, o Nachtigall Syriens!

(HELEN *blickt* PAUL *an und errötet. Sie scheint freudig erregt zu sein.*)

SALEM: Bitte, Jussif, halte dich mit deinem Lob für Paul zurück.

JUSSIF: Weshalb denn?

SALEM (*mit spöttischem Ernst*): Weil er etwas getan hat, das Ehre und Achtung nicht verdient. Er hat einem befremdlichen Gefühlszustand Platz gegeben; er ist verrückt.

PAUL (*zu* SALEM): Habe ich dich hierher gebracht, um mein Vergehen noch größer zu machen?

HELEN: Was ist geschehen, Salem? Welchen neuen Fehler hast du bei Paul entdeckt?

SALEM: Keinen neuen, sondern einen alten, der sich so entwickelt hat, daß er wie ein neuer aussieht.

JUSSIF: Erzähl uns, was sich ereignet hat.

SALEM (*zu* PAUL): Ist es dir lieber, wenn ich es sage, Paul, oder willst du es selbst bekennen?

PAUL: Am liebsten wäre mir, wenn du wie ein Grab schweigen würdest oder ruhig bliebest wie das Herz einer alten Frau.

SALEM: Dann *werde* ich sprechen.

PAUL: Ich sehe schon, du willst uns den Abend verderben.

SALEM: Nein, doch ich möchte unseren Freunden berichten, was geschehen ist, damit sie wissen, was für ein Mensch du bist.

HELEN (*zu* SALEM): Erzähle es uns. (*Zu* PAUL) Vielleicht wird das Vergehen, von dem Salem sprechen möchte, nur deine Vorzüge zeigen, Paul.

PAUL: Ich habe weder ein Verbrechen begangen noch ein Verdienst erlangt. Doch was unser Freund so besorgt besprechen will, ist nicht erwähnenswert. Außerdem bin ich nicht davon angetan, Gegenstand leeren Geschwätzes zu werden.

HELEN: Hören wir uns dennoch die Geschichte an.

SALEM (*nimmt sich eine Zigarette und setzt sich zu* JUSSIF): Meine Herren, sicher habt ihr von dem Fest gehört, das Jalal Pascha ausgerichtet hat, um die Vermählung seines Sohnes zu feiern. Er hatte alle Honoratioren der Stadt eingeladen, auch diesen Halunken da (*er deutet auf* PAUL) und natürlich mich. Der Grund für meine Einladung war, daß man allgemein glaubt, ich sei Pauls Schatten, und außerdem, daß Paul ohne meine Begleitung nicht singen würde.

Wir kamen zu spät wie immer; das ist ja Pauls königliche Angewohnheit. Der Gouverneur, der Bischof, die feinen Damen der Gesellschaft waren alle schon zugegen, ebenso Gelehrte, Dichter, Millionäre und Aristokraten.

Als wir uns zwischen den Rauchpfannen und Weinkrügen niederließen, starrten die Gäste auf Paul, als wäre er ein vom Himmel herabgestiegener Engel.

Die schönen Damen boten ihm Wein und Blumen an – wie einst die Frauen in Athen, wenn die Helden aus der Schlacht zurückkehrten.

Kurz, unser lieber Paul wurde zum Gegenstand von Ehrerbietung und Hochachtung... Ich griff zur Laute und begann zu spielen. Dann sang Paul einen Vers aus einem Gedicht von Al Farid. Die Zuhörer lauschten so verzückt, als wäre El Moussoli aus dem Jenseits zurückgekehrt, um ihre Ohren mit göttlichem Odem zu erfüllen. Plötzlich jedoch hörte Paul zu singen auf. Man dachte, nachdem er seine Kehle mit einem Schluck Wein benetzt hatte, er würde nun mit seinem Gesang fortfahren. Doch Paul blieb stumm.

PAUL: Halt ein. Erzähl nicht noch mehr Unsinn. Sicher wollen unsere Freunde gar nichts davon wissen.

JUSSIF: Bitte laßt uns das Ende der Geschichte hören.

PAUL: Offenbar zieht ihr sein Geschwätz meiner Anwesenheit vor. Guten Tag.

HELEN (*blickt* PAUL *zärtlich an*): Setz dich, Paul. Wie auch die Geschichte ausgehen möge, wir sind alle auf deiner Seite. (PAUL *setzt sich resigniert.*)

SALEM (*fährt fort*): Ich habe erzählt, wie der arme Paul einen Vers aus Al Farids Dichtung vortrug und dann plötzlich innehielt. Es schien, als hätte er seinen hungrigen Zuhörern ein Stück göttlichen Brotes geboten, dann jedoch den Tisch umgeworfen und Vasen und Kelche zerbrochen. Da saß er nun, schweigsam wie die Sphinx am Ufer des Nils. Die

Damen erhoben sich eine nach der anderen von ihren Stühlen und flehten Paul an, er möge weitersingen. Doch er wies sie ab und sagte, er leide an einer Halsentzündung. Sodann kamen die Würdenträger und baten ihn, in seiner Kunst fortzufahren, allein er blieb unbeugsam, als habe Gott sein Herz zu Stein werden lassen.

Es war schon nach Mitternacht, als ihn Jalal Pascha in ein anderes Gemach rief, ihm einen Beutel voller Dinare in die Hand drückte und sprach: »Ohne deinen Gesang schwindet die Stimmung dieses Festes. Ich bitte dich, dieses Geschenk anzunehmen, nicht als Belohnung, sondern als ein Zeichen meiner Zuneigung und Bewunderung. Bitte, enttäusche uns nicht.« Paul warf die Dinare zu Boden und sagte im Tonfall eines besiegten Königs: »Du beleidigst mich. Ich kam nicht hierher, um mich zu verkaufen. Ich kam, um meine Glückwünsche darzubringen.«

Jalal Pascha verlor daraufhin die Beherrschung und äußerte einige unhöfliche Worte, worauf unser zartbesaiteter Paul traurig das Haus verließ. Ich holte meine Laute und folgte ihm, obwohl ich die Damen, das Mahl und den Wein nur ungern zurückließ. Ich brachte dieses Opfer für meinen eigensinnigen Freund, der mir noch nicht einmal gedankt oder mich für meine Gefolgschaft gelobt hat.

JUSSIF (*lacht*): Das ist wirklich eine interessante Geschichte, und sie ist es wert, mit größter Aufmerksamkeit gehört zu werden.

SALEM: Ich bin noch nicht fertig. Das Beste kommt

erst. Kein Märchenerzähler aus Indien oder Persien hat sich je solch ein teuflisches Ende ausgedacht.

PAUL (*zu Helen*): Dir zuliebe bleibe ich, doch sage bitte diesem Frosch, er möge zu quaken aufhören.

HELEN: Laß ihn reden, Paul. Ich versichere dir, wir halten alle zu dir.

SALEM (*zündet sich eine neue Zigarette an und fährt fort*): Wir verließen Jalal Paschas Haus. Paul verfluchte die Reichen, und ich fluchte innerlich über Paul. Doch meint ihr, wir wären nun heimgegangen? Hört und staunt! Ihr alle wißt, daß das Haus von Saadi Habeeb neben dem von Jalal Pascha liegt. Beide sind nur durch einen kleinen Garten getrennt. Habeeb liebt es zu trinken, zu singen und zu träumen; und er verehrt dieses Idol (*er deutet auf* PAUL). Nachdem wir das Haus des Paschas verlassen hatten, blieb Paul einige Minuten mitten auf der Straße stehen und rieb sich die Stirn, wie ein Feldmarschall, der einen Kriegszug gegen ein aufrührerisches Königreich plant. Dann ging er plötzlich auf Habeebs Haus zu und klopfte an. Habeeb war schon im Nachtgewand, als wir eintraten; er rieb sich die Augen und gähnte. Sobald er Paul und mich mit der Laute unter dem Arm erblickte, leuchteten seine Augen vor Freude auf, als hätte uns der Himmel zu ihm geschickt.

»Was führt euch in dieser gesegneten Stunde hierher?« fragte er, und Paul antwortete: »Wir kommen, um die Hochzeit von Jalal Paschas Sohn in deinem Haus zu feiern.« Habeeb erwiderte: »Ist das Haus des

Paschas nicht groß genug für euch?« »Des Paschas Haus hat nicht die richtigen Ohren für unsere Musik«, antwortete Paul, »und deshalb sind wir in deines gekommen. Laß Speise und Trank bringen und frage nicht länger.«

Wir machten es uns bequem, und als Paul zwei Gläser Arrak geleert hatte, öffnete er alle Fenster, die dem Hause Jalal Paschas gegenüberlagen, drückte mir die Laute in die Hand und sagte: »Dies ist dein Stab, Moses. Verwandle ihn in eine Viper und spiele lange und gut.« Ich tat wie geheißen und spielte gehorsam. Paul wandte sein Gesicht dem Haus des Paschas zu und hob mit voller Stimme zu singen an.

(SALEM *hält inne, um dann in ernsthafterem Ton fortzufahren*):

Ich kenne Paul nun fünfzehn Jahre lang. Wir gingen zusammen zur Schule. Ich hörte ihn singen, wenn er glücklich und wenn er traurig war. Ich hörte ihn klagen wie eine Witwe, der man ihr einziges Kind geraubt hatte; ich hörte ihn singen wie einen Liebenden und frohlocken wie einen Sieger. In der Stille der Nacht vernahm ich seine flüsternde Stimme, und sie entzückte die Schlafenden. Ich hörte ihn singen in den Tälern des Libanon, und seine Stimme verschmolz mit dem Klang ferner Glocken und füllte die Weite mit ihrer Zauberkraft. Ich habe ihn tausendmal singen gehört und dachte, ich würde all seine Ausdrucksmöglichkeiten kennen. Doch letzte Nacht, als er zum Haus des Paschas hinübersang, dachte ich mir: »Wie wenig weiß ich doch vom Leben dieses

Mannes!« Nun erst beginne ich, ihn zu verstehen. Früher hörte ich nur seine Kehle singen, aber in der vergangenen Nacht vernahm ich sein Herz und seine Seele...

Paul sang ein Lied nach dem anderen. Ich spürte, wie die Seelen der Liebenden über unseren Häuptern schwebten, wie sie flüsternd Vergangenes in die Erinnerung zurückriefen und offenbarten, was die Nacht an menschlichen Hoffnungen und Träumen bedeckt hält. Jawohl, meine Herren, dieser Mann (*er deutet auf* PAUL) erklomm letzte Nacht die Leiter der Kunst bis zu ihrer höchsten Sprosse, und er gelangte bis zu den Sternen und kam erst zur Erde herab, als schon der Morgen dämmerte. Da hatte er seine Feinde unterworfen und auf die Knie gezwungen. Als sie die göttliche Stimme vernahmen, drängten sich die Gäste des Paschas an den Fenstern, etliche verließen sogar das Haus und setzten sich im Garten unter die Bäume. Sie verziehen dem angebeteten Sänger, der sie verärgert und gekränkt hatte, nun aber ihre Herzen mit einer göttlichen und berauschenden Melodie erfüllte. Einige jubelten ihm zu und rühmten ihn, andere jedoch schmähten ihn. Später erfuhr ich, Jalal Pascha habe wie ein Löwe gebrüllt und sei durch die Halle gelaufen, während er Paul verfluchte und die Gäste schalt, die das Festmahl verlassen hatten. Also, nun habt Ihr das Ende der Geschichte gehört. Was haltet Ihr jetzt von diesem verrückten Genie?

KHALIL BEY: Ich tadle Paul nicht, denn ich will mir

nicht anmaßen, seine Geheimnisse und Beweggründe zu verstehen. Diese Angelegenheit geht nur
ihn etwas an. Ich bin der Meinung, daß der Charak-
ter eines Künstlers – insbesondere eines Musikers –
sich von dem eines gewöhnlichen Sterblichen erheb-
lich unterscheidet. Es ist nicht angebracht, sein Handeln mit der gebräuchlichen Elle zu messen. Der
Künstler – und damit meine ich einen Menschen, der
aus seinen Gedanken und Neigungen etwas Neues
hervorbringt – ist ein Fremder unter seinen Mitmen-
schen und sogar unter seinen Freunden. Er wendet
sich gegen Osten, wenn die anderen nach Westen
blicken. Was ihn bewegt, versteht er meist selbst
nicht. Er fühlt sich nicht wohl unter den Fröhlichen
und ist glücklich bei den Schwermütigen. Unter den
Tüchtigen wirkt er schwach, doch leistungsfähig bei
den Schwachen. Er steht über dem Gesetz, ob es den
Menschen gefällt oder nicht.

KHALIL: Deine Worte, Jussif, unterscheiden sich
nicht von dem, was du in deinem Artikel über die
Schönen Künste schreibst. Aber, um es noch einmal
zu wiederholen: Der europäische Geist, den Ihr so
verteidigt, wird eines Tages unser Untergang sein,
sowohl für die Menschen als auch für die Nation.

JUSSIF: Schreibst du Pauls Benehmen der vergangenen Nacht dem europäischen Einfluß zu, gegen den
du so wetterst?

KHALIL: Ich bin erstaunt über das, was Paul getan
hat, trotz meiner Hochachtung für ihn.

JUSSIF: Hat Paul nicht das Recht und die Freiheit, mit

seiner Kunst und Musik das zu machen, was ihm gefällt?

KHALIL: Natürlich, allgemein betrachtet hat er das Recht dazu; doch scheint mir, daß unsere Gesellschaftsordnung solche Art von Freiheit nicht billigt. Unsere Sitten und Gebräuche erlauben es dem einzelnen nicht, ohne Kritik das zu tun, was Paul letzte Nacht tat.

HELEN: Da der Gegenstand unserer interessanten Debatte anwesend ist, wollen wir ihn doch selbst sprechen lassen. Ich bin sicher, er wird imstande sein, sich zu verteidigen.

PAUL (*nach kurzem Schweigen*): Es wäre besser gewesen, Salem hätte gar nicht damit angefangen. Was letzte Nacht geschehen ist, ist geschehen. Doch da ich nun so unter Beschuß geraten bin, wie Khalil sich auszudrücken pflegt, will ich euch die Beweggründe meines Handeln offen darlegen.

Wie ihr alle wißt, bin ich schon seit längerem kritischen Angriffen ausgesetzt. Man sagt, ich sei eitel und launenhaft und verdiene nicht die Ehre, die mir zuteil wird. Was mag der Anlaß zu dieser herben Kritik sein? Sie ist ein Angriff auf etwas in meinem Wesen, das ich nicht ändern kann, selbst wenn ich es wollte. Es ist meine Unabhängigkeit, die es ablehnt, gekauft oder durch Schmeichelei verführt zu werden. In dieser Stadt gibt es viele Sänger und Musiker, viele Dichter, Kritiker und Gelehrte, viele Rauchfaßschwinger und Bettler. Sie alle verkaufen ihre Stimme, ihre Gedanken und ihr Wissen für Geld, für eine Mahlzeit oder für eine Flasche Wein. Unsere Geldleute und Würdenträger kaufen Künstler und Gelehrte billig ein und stellen sie in ihren Häusern zur Schau, genauso wie sie mit ihren Pferden und Karossen auf den Straßen und in den öffentlichen Gärten prahlen.

Zugegeben, die Sänger und Dichter des Orients haben es etwas besser als die Sklaven und Rauchfaßschwinger. Sie werden gerufen, um bei Hochzeiten zu singen, bei Gelagen Festreden zu halten und bei Begräbnissen zu klagen und den Verstorbenen zu preisen. Sie gleichen Sprechmaschinen für Freude und für Trauer. Doch wenn sich kein Anlaß für ihren Auftritt bietet, werden diese Maschinen wie nutzlose Geräte beiseite gestellt. Ich mache diesen Vorwurf nicht den Reichen, ich mache ihn den Sängern, Dichtern und Gelehrten, die vor sich selbst keinerlei Achtung zeigen. Ich tadle sie, weil sie das Geringfügige und Unbedeutende nicht von sich weisen und den Tod nicht der Erniedrigung vorziehen.

KHALIL (*erregt*): Doch die Gäste und der Gastgeber flehten dich vergangene Nacht geradezu an. Wie kannst du dein Singen dann eine Erniedrigung nennen?

PAUL: Wäre ich letzte Nacht dazu fähig gewesen, im Hause des Paschas zu singen, hätte ich es mit Freuden getan. Doch als ich um mich sah, nahm ich nur solche Leute wahr, in deren Ohren allein die Allmacht des Geldes klingt und deren Lebenszweck darin besteht, sich auf Kosten anderer zu bereichern.

Diese Menschen können nicht zwischen wahrer Dichtkunst und holprigen Versen unterscheiden, genausowenig wie zwischen wirklicher Musik und dem Klappern einer Blechpfanne. Ich male keine Bilder, um sie dem Blinden zu zeigen, und bringe die Klänge meiner Seele keinem Tauben zu Gehör.

Musik ist die Sprache des Geistes. Ihre unsichtbaren Schwingungen laufen vom Herzen des Sängers zur Seele des Zuhörers. Solchen, die nicht hören können und nicht verstehen, kann ein Sänger sein Herz niemals öffnen. Musik ist eine Geige mit straffen, aber zarten Saiten. Sobald sie nicht mehr gespannt sind, verlieren sie ihre Funktion. Die Saiten meiner Seele ließen in ihrer Spannung nach, als ich letzte Nacht die Gäste im Hause des Paschas sah. Ich nahm nichts wahr als Falsche und Oberflächliche, Dumme und Faule, Heuchler und Eingebildete. Sie alle baten mich zu singen, weil ich mich von ihnen abgewandt hatte. Hätte ich gehandelt wie ein gekaufter Sänger, keiner hätte mir zugehört.

KHALIL (*scherzhaft*): Und nach alldem gingst du in Habeebs Haus, um aus lauter Ärger dort von Mitternacht bis zum Morgengrauen zu singen.

PAUL: Ich sang, denn ich wollte mein Herz ausleeren und der Nacht, dem Leben und der Zeit Vorwürfe machen. Ich hatte das unbezwingliche Bedürfnis, die Saiten meiner Seele, die sich im Hause des Paschas gelockert hatten, wieder zu spannen.

Doch wenn Ihr meint, es sei alles aus Ärger geschehen, könnt Ihr das ohne weiteres glauben. Die Kunst ist wie ein Vogel, der frei am Himmel schwebt oder glücklich am Boden herumstreift. Keiner kann seine Gewohnheiten ändern. Die Kunst ist etwas, das nicht gekauft und nicht verkauft werden kann. Wir Orientalen müssen diese Wahrheit begreifen. Unsere Künstler – sie sind bei uns so selten wie roter Schwefel – sollten mehr Selbstwertgefühl an den Tag legen, denn sie gleichen Krügen, die mit göttlichem Wein gefüllt sind.

JUSSIF: Ich stimme dir zu, Paul. Diese Geschichte hat mich etwas Neues gelehrt. Du bist ein wahrer Künstler, ich jedoch nur ein Sucher und Bewunderer der Kunst. Der Unterschied zwischen uns ist wie das Verhältnis zwischen altem Wein und sauren Trauben.

SALEM: Mich konntest du noch nicht überzeugen und wirst es wohl auch nicht. Deine Philosophie ist eine Krankheit, die von der Ansteckung am Fremden herrührt.

JUSSIF: Hättest du Paul letzte Nacht singen gehört, würdest du das nicht als Krankheit bezeichnen.

(*In diesem Augenblick tritt das Mädchen ein und meldet, daß Erfrischungen bereitstehen.*)

JUSSIF (*erhebt sich*): Laßt uns eine kleine Stärkung einnehmen.

(*Alle erheben sich. JUSSIF, KHALIL und SALEM verlassen den Raum. PAUL und HELEN bleiben zurück und tauschen glühende Blicke. Sie lächeln sich an.*)

HELEN (*flüstert*): Weißt du, daß ich dich vergangene Nacht habe singen hören?

PAUL (*überrascht*): Wie kommt das, meine liebe Helen?

HELEN (*verschämt*): Als ich dich hörte, war ich gerade im Haus meiner Schwester Marie. Ich verbrachte dort die Nacht, denn ihr Mann war nicht in der Stadt, und sie fürchtete sich, allein zu bleiben.

PAUL: Wohnt deine Schwester am Pinienpark?

HELEN: Nein, sie wohnt gegenüber von Habeebs Haus.

PAUL: Und du hörtest mich wirklich singen?

HELEN: Ja, ich vernahm das Rufen deiner Seele von Mitternacht an bis zur Morgendämmerung. Und ich hörte Gott durch deine Stimme sprechen.

JUSSIF (*ruft aus dem angrenzenden Zimmer*): Kommt zu Tisch.

(HELEN *und* PAUL *verlassen den Salon.*)

VORHANG

Euer Libanon – mein Libanon

Ihr habt euren Libanon und ich habe den meinen.
Euer Libanon ist der politische mit seinen Proble-
men,
meiner ist der ursprüngliche in all seiner Schönheit.
Ihr habt euren Libanon mit seinen Parteien und
Konflikten,
ich habe den meinen mit seinen Träumen und Hoffnungen.
Seid zufrieden mit eurem Libanon, wie ich es auch
bin mit meiner Vorstellung eines freien Landes.
Euer Libanon ist ein verworrener politischer Knoten,
den die Zeit aufzuknüpfen versucht,
mein Libanon ist eine Kette von Hügeln und Bergen,
die sich eindrucksvoll und mächtig zu den blauen
Himmeln heben.
Euer Libanon ist ein internationales Problem, das
darauf wartet, gelöst zu werden,
mein Libanon liegt friedlich da mit bezaubernden
Tälern, in denen Kirchenglocken läuten und Bäche
rauschen.

Euer Libanon liegt im Wettstreit mit dem Westen, und in Feindschaft mit dem Süden,

mein Libanon gleicht einem Gebet, das in der Morgenluft schwebt, wenn die Schäfer ihre Herden auf die Weide treiben, das in der Abendröte leuchtet, wenn die Bauern von ihren Feldern und Weinbergen heimkehren.

Euer Libanon besteht aus zahllosen Köpfen,

der meine ist ein Berg zwischen dem Meer und den Ebenen wie ein Dichter im Wandel der Zeiten.

Euer Libanon ist wie eine List des Fuchses, wenn er der Hyäne begegnet, und wie ein Trick der Hyäne, wenn sie den Wolf trifft,

mein Libanon gleicht den Träumereien junger Mädchen im Mondlicht und dem Gesang der Frauen bei der Ernte.

Euer Libanon ist ein Schachspiel zwischen einem Bischof und einem General,

mein Libanon ein Tempel, in dem meine Seele Zuflucht findet, wenn sie des Fortschritts, der auf knarrenden Rädern einherfährt, müde ist.

Euer Libanon besteht aus zwei Menschen, von denen der eine Steuern zahlt und der andere sie eintreibt,

mein Libanon aus einem Menschen, der sich im Schatten der heiligen Zeder ausruht und außer Gott und dem Licht der Sonne alles vergißt.

Euer Libanon bedeutet Häfen, Geschäfte und Handel,

der meine einen fernen Gedanken, eine brennende

Zuneigung und ein göttliches Wort, das die Erde dem Weltenraum zuflüstert.

Euren Libanon bewohnen Arbeiter, Angestellte und ihre Vorgesetzten,

meinen die heranwachsende Jugend, die tatkräftigen Erwachsenen und die weisen Alten.

Euer Libanon besteht aus Volksvertretern und Ausschüssen,

der meine ist eine Gesellschaft, die sich in stürmischer Nacht an der Feuerstelle versammelt, wenn die Dunkelheit durch den reinen Schnee aufgehellt wird.

Euer Libanon bedeutet Parteien und Sekten,

der meine eine Jugend, die felsige Höhen erklettert, Bäche durchwatet und auf den Feldern umherschweift.

Euer Libanon braucht Reden, Lesungen und Debatten,

der meine lauscht dem Gesang der Nachtigallen, dem Rascheln der Blätter in den Hainen und dem Widerhall der Schäferflöten aus den Tälern.

Euer Libanon verstellt sich, borgt fremde Gedanken aus und betrügt,

mein Libanon ist nichts als die nackte, einfache Wahrheit.

Euer Libanon besteht aus Gesetzen, Regeln, Urkunden und diplomatischen Noten,

der meine steht mit den Geheimnissen des Lebens in Verbindung, um die er weiß, ohne sie zu kennen.

Mein Libanon sehnt sich danach, mit seinen Fingerspitzen das ferne Ende des Unsichtbaren zu berühren und hält es für einen Traum.

Euer Libanon ist ein verdrießlicher alter Mann, der seinen Bart streicht und nur an sich selbst denkt,

mein Libanon ist die Jugend, die sich wie ein Turm aufrichtet, wie die Morgenröte lächelt und an andere genauso wie an sich selbst denkt.

Euer Libanon versucht, von Syrien getrennt und gleichzeitig mit ihm vereint zu sein*,

mein Libanon geht kein Bündnis ein und wird nicht abtrünnig, er bläst sich nicht auf und macht sich auch nicht gering.

Ihr habt euren Libanon, und ich habe den meinen.

Ihr habt euren Libanon mit seinen Söhnen, und ich habe meinen mit seinen Söhnen.

Doch wer sind die Söhne eures Libanons?

Ich will euch deren Wesensart aufzeigen:

Es sind diejenigen, deren Seelen in den Hospitälern des Abendlandes geboren wurden und deren Geist im Schoß der Begierde erwachte, die in das Gewand der Freizügigkeit geschlüpft ist.

Sie gleichen biegsamen Zweigen, die einmal nach links, ein andermal nach rechts gebogen werden. Sie zittern am Morgen und am Abend, ohne ihres Zitterns gewahr zu werden.

Sie ähneln einem mast- und ruderlosen Schiff, das gegen die Wellen kämpft.

---

* Der Libanon ist heute – getrennt von Syrien – ein unabhängiger Staat. Gibran scheint diese Teilung bereits fünfzig Jahre früher vorausgesehen zu haben.

Sein Kapitän heißt Argwohn, und sein Hafen ist ein Käfig voller Narren; ist denn nicht jede Hauptstadt Europas ein Narrenkäfig?

Diese Söhne des Libanon sind stark und beredsam unter ihresgleichen, aber schwach und stumm gegenüber den Europäern.

Sie sind freiheitsliebende und glühende Reformer, aber nur in den Zeitungen und auf Rednertribünen.

Wie Frösche quaken sie, wenn sie sagen: »Jetzt machen wir uns von unserem alten Feind los«, wo dieser doch in ihrem eigenen Körper versteckt lauert.

Begräbnisprozessionen begleiten sie singend und musizierend, doch einen Hochzeitszug begrüßen sie jammernd und in zerfetzten Gewändern. Sie kennen keinen Mangel, wenn sie ihn nicht in ihren Geldbeuteln empfinden. Stoßen sie auf einen, dessen Hunger geistiger Natur ist, lachen sie ihn aus und meiden ihn, indem sie sagen: »Er ist ja nur ein Wesen, das in einer Welt von Trugbildern wandelt.«

Sie sind wie Sklaven, die sich frei wähnen, nur weil ihre rostigen Ketten durch glänzende ersetzt wurden.

So sind die Söhne eures Libanon. Ist einer unter ihnen, der so widerstandsfähig ist wie die Felsen des Libanon, so erhaben wie seine Berge, so süß und rein wie sein Wasser und so klar und frisch wie sein belebender Wind?

Gibt es einen, der behaupten könnte, sein Leben sei ein Blutstropfen in den Adern des Libanon gewesen, eine Träne in seinen Augen oder ein Lächeln auf seinen Lippen?

So sind die Söhne eures Libanon. Wie großartig stehen sie in euren Augen da und wie klein in meinen!

Laßt mich euch nun die Söhne meines Libanon zeigen:

Es sind die Bauern, die das steinige Land in Obstgärten und Felder verwandeln,

es sind die Schäfer, die ihre Herden von einem Tal ins andere treiben, auf daß sich das Vieh vermehre und euch sein Fleisch als Nahrung und seine Wolle als Kleidung schenke.

Die Söhne meines Libanon sind die Winzer, die Trauben keltern und köstlichen Wein bereiten,

die Väter, die Maulbeerbäume pflanzen, und die Mütter, die Seide spinnen, die Männer, die Weizen ernten, und die Frauen, die Schafe hüten.

Es sind die Töpfer, die Weber und die Glockengießer, die Dichter und die Sänger, die ihre Empfindungen in immer neue Verse fassen.

Es sind diejenigen, welche den Libanon ohne Geld verließen, um mit feurigem Herzen, mit Begeisterung und Entschlossenheit in ein fremdes Land zu ziehen und mit einer Fülle von Schätzen in den Händen zurückkehren und Lorbeerkränze für ihre Leistungen auf dem Haupte tragen.

Sie passen sich ihrer neuen Umgebung an und werden geachtet, wohin auch immer sie gehen mögen.

So sind die Söhne meines Libanon – wie Fackeln, die nicht verlöschen, und wie Salz, das nicht verderben kann.

Mit kräftigem Schritt streben sie der Wahrheit, der Schönheit und der Vollkommenheit zu.

Was werdet *ihr* dem Libanon und seinen Söhnen in hundert Jahren hinterlassen? Sagt mir, was werdet ihr der Zukunft vermachen außer Forderungen, Falschheit und Dummheit?

Glaubt ihr, daß der Äther die Geister der Toten und den Atem der Gräber aufbewahren wird?

Könnt ihr euch vorstellen, daß das Leben ihn in Lumpen erstickt?

Wahrlich, ich sage euch: Der Olivenschößling, der von einem Bauern im Libanon am Fuß eines Berges gesetzt wurde, wird eure Werke und Taten überdauern; und der hölzerne Pflug, den zwei Ochsen über die Äcker des Libanon ziehen, wird über euer Hoffen und Streben triumphieren.

Ich sage euch, und das Universum ist mein Zeuge: Der Gesang des Gärtners an den Hängen des Libanon ist wertvoller als das Geschwätz eurer Honoratioren.

Denkt daran, daß ihr nichts seid. Und wenn ihr eure Nichtigkeit erkennt, wird sich meine Abneigung euch gegenüber in Wohlwollen und Zuneigung verwandeln. Es ist traurig, daß ihr das nicht versteht.

Ihr habt euren Libanon, und ich habe den meinen.

Ihr habt euren Libanon und seine Söhne. Seid mit ihm und mit ihnen zufrieden, wenn euch hohler Schein glücklich macht. Ich selbst bin mit meinem Libanon glücklich, und in meiner Verehrung für ihn liegen Zärtlichkeit, Zufriedenheit und Gelassenheit.

Die Geschichte der Jungfrau

Wie eine Blume, die keine Hand berührte,
lebte und starb sie als Jungfrau.

Da seine Streitkräfte in der Minderzahl waren, blieb dem General keine andere Wahl, als folgenden Befehl zu erlassen:

»Um Verluste an Leben und Ausrüstung zu vermeiden, müssen wir uns in geschlossener Formation zu einer dem Feind nicht bekannten Stadt zurückziehen und dort eine neue Strategie planen. Wir werden durch die Wüste marschieren, denn es ist besser, einen solchen Weg zu nehmen, als dem Feind in die Hände zu fallen. Wir werden an Klöstern vorbeikommen, die wir aber nur dann besetzen, wenn wir Nahrung und Proviant brauchen.«

Die Truppen äußerten keine Bedenken, denn sie sahen keine andere Möglichkeit, ihrer aussichtslosen Lage zu entkommen.

Tagelang marschierten sie durch die Wüste und ertrugen Müdigkeit, Hitze, Hunger und Durst. Eines Tages erblickten sie ein gewaltiges Bauwerk, das einer alten Festung glich. Sein Tor war gleich dem einer befestigten Stadt. Bei diesem Anblick freuten sich die Soldaten. Sie vermuteten hier ein Kloster, wo sie sich ausruhen und verpflegen konnten.

Als sie das Tor öffneten, kam eine Zeitlang niemand, um sie zu begrüßen. Dann aber erschien eine ganz in Schwarz gekleidete Frau, deren Antlitz der einzig sichtbare Teil ihres Körpers war. Sie erklärte dem Kommandanten, daß dieser Ort ein Kloster sei und als solches behandelt werden sollte; sie bat auch, daß den Nonnen kein Leid zugefügt werden möge. Der General versprach den Klosterfrauen vollen Schutz und forderte nur die Verköstigung seiner Truppen; die Männer sollten im weitläufigen Garten des Klosters verpflegt werden.

Der Kommandeur war ein etwa fünfzigjähriger Mann, ein schlechter und zügelloser Mensch. Da er sehr angespannt war, wünschte er sich zur Aufheiterung eine Frau, und er beschloß, eine Nonne zu zwingen, ihm zu Willen zu sein. So brachte ihn tückische Begierde dazu, diesen heiligen Ort zu entweihen – einen Ort, an dem sich fromme Frauen niedergelassen hatten, um Gott in unaufhörlichem Gebet nahe zu sein, fernab vom Lärm dieser falschen und verdorbenen Welt.

Nachdem er die Oberin beruhigt hatte, stieg der hinterhältige Kommandeur über eine Leiter zu einem Raum hinauf, durch dessen Fenster er eine Nonne gesehen hatte. Die Jahre andauernden Betens und einsamer Selbstverleugnung hatten die Zeichen weiblicher Schönheit auf ihrem unschuldigen Antlitz nicht löschen können. Sie war hierher gekommen, um vor der sündigen Welt Zuflucht zu finden, an einem Ort, an dem sie Gott ungestört anbeten konnte.

Als der Bösewicht den Raum betrat, zog er seinen Säbel und drohte, sie zu töten, falls sie um Hilfe riefe. Sie lächelte aber ganz ruhig und tat, als wäre sie bereit, seinem Wunsche nachzukommen. Sie blickte ihn an und sprach: »Setz dich und ruhe dich aus, du bist sicher sehr müde.«

Er setzte sich zu ihr, seiner Beute sicher. Und sie sagte zu ihm: »Ich wundere mich über euch Soldaten. Ihr habt anscheinend keine Angst, euch in den Rachen des Todes zu begeben.«

Darauf erwiderte der dumme und feige Mensch: »Die Umstände zwingen uns, in den Krieg zu ziehen. Würden mich die Leute nicht einen Feigling heißen, liefe ich lieber davon, als diese verfluchte Armee zu führen.«

Wieder lächelte ihn die Nonne an und sprach: »Ist dir nicht bekannt, daß wir an diesem heiligen Ort hier eine Salbe haben, die dich, wenn du dich damit einreibst, vor dem Schlag des schärfsten Schwertes schützt?«

»Erstaunlich! Wo ist diese Salbe? Ich kann sie sicher gebrauchen.«

»Gut, ich werde dir etwas davon geben.«

Der General, der in einer Zeit geboren war, in der die Menschen noch an solchem Aberglauben festhielten, zweifelte nicht an den Worten der frommen Schwester.

Sie öffnete ein Gefäß und zeigte ihm eine weiße Salbe. Als er sie betrachtete, kamen ihm plötzlich Zweifel. Die Nonne nahm ein wenig davon, rieb ihren Nacken ein und sagte: »Wenn du mir nicht glaubst, werde ich es dir beweisen. Zieh dein Schwert und schlage mit all deiner Kraft zu.« Er zögerte, doch sie drängte weiter, und schließlich stieß er zu.

Beinahe wäre er ohnmächtig geworden, als er das Haupt der Nonne vom Körper rollen und zu Boden fallen sah. Da erkannte er die List, mit der sie sich vor der Schändung bewahrt hatte.

Die Nonne war tot, und der Kommandeur sah nur zwei Dinge vor sich: den Leichnam der Nonne und das Gefäß mit der Salbe. Er starrte zuerst auf die Salbe und dann auf den Körper ohne Kopf. Darüber verlor er den Verstand, stieß die Tür auf und rannte hinaus. Das blutige Schwert hielt er vor sich und rief seinen Soldaten zu: »Schnell, schnell, wir verlassen diesen Ort!«

Er hörte nicht auf zu laufen, bis ihn einige seiner Leute einholten und sinnlos wie ein Kind schreien hörten: »Ich habe sie umgebracht! Ich habe sie umgebracht!«

Euer Denken – mein Denken

Euer Denken ist wie ein Baum, der tief im Boden der Überlieferung verwurzelt ist und dessen Zweige durch die Kraft der Beständigkeit wachsen.

Mein Denken ist wie eine Wolke, die am Himmel schwebt. Sie wandelt sich in Regentropfen, die, sobald sie niederfallen, einen Bach bilden, der sich seinen Weg zum Meer bahnt. Danach hebt sie sich als Nebel wieder zum Himmel empor.

Euer Denken gleicht einer Festung, die weder Sturm noch Blitz erschüttern können.

Mein Denken gleicht einem zarten Blatt, das in jede Richtung schwingt und an dieser Bewegung Freude findet.

Euer Denken ähnelt einem alten Dogma, das sich nicht verändern kann und das auch ihr nicht verändern könnt.

Mein Denken ist neu, und es prüft mich, so wie ich es morgens und abends erprobe.

Ihr habt euer Denken, und ich habe das meine.

Euer Denken erlaubt es euch, an den ungleichen Kampf zwischen dem Starken und dem Schwachen zu glauben sowie an die List, mit welcher der Einfältige vom Schlaueren übervorteilt wird.

Mein Denken schafft in mir das Verlangen, die Erde mit meiner Hacke umzupflügen, die Ernte mit meiner Sichel einzubringen, mein Haus aus Stein und Mörtel aufzubauen und mein Gewand aus Wolle und Leinen zu weben.

Euer Denken nötigt euch zur Verbindung mit Wohlstand und Einfluß.

Mein Denken empfiehlt mir Selbstvertrauen.

Euer Denken tritt für Ruhm und Gepränge ein.

Das meine rät mir dringend, Ruhmsucht zu vermeiden, und behandelt sie wie ein Sandkorn, das an die Gestade der Ewigkeit geworfen wurde.

Euer Denken flößt euren Herzen Überheblichkeit und Überlegenheit ein.

Das meine pflanzt die Liebe zum Frieden und das Verlangen nach Unabhängigkeit in mich ein.

Euer Denken läßt euch von Palästen träumen, deren Möbel aus Sandelholz gefertigt und mit Edelsteinen beschlagen sind und deren Betten seidene Decken haben.

Mein Denken flüstert mir sanft ins Ohr: »Bleibe rein an Körper und Seele, auch wenn du keinen Platz hast, an dem du dein Haupt niederlegen kannst.«

Euer Denken läßt euch nach Titeln und Ämtern streben.

Das meine ermahnt mich zur Demut.

Ihr habt euer Denken, und ich habe das meine.

Euer Denken beruht auf gesellschaftlichen Erkenntnissen und ist ein religiöses und politisches Wörterbuch.

Mein Denken bedarf keiner Beweise.

Euer Denken spricht von der schönen Frau und von der häßlichen, von der tugendhaften und der käuflichen, von der klugen und der dummen.

Das meine sieht in jeder Frau die Mutter, die Schwester oder die Tochter irgendeines Mannes.

Die Gegenstände eures Denkens sind Diebe, Verbrecher und Meuchelmörder.

Mein Denken erklärt, daß Diebe die Geschöpfe der Marktwirtschaft sind, Verbrecher die Nachkommen von Tyrannen und Meuchelmörder die Blutsverwandten von Totschlägern.

Euer Denken schreibt Gesetze, Gerichte, Richter und Strafen vor.

Das meine weiß, daß der Mensch, indem er ein Gesetz macht, es entweder verletzen oder ihm folgen muß. Wenn es ein grundlegendes Gesetz gibt, so sind wir alle vor ihm gleich. Wer das Geringe verachtet, ist selbst gering. Wer mit der Verachtung eines Sünders prahlt, bringt damit seine Verachtung der gesamten Menschheit zum Ausdruck.

Euer Denken interessiert sich für den Handwerker, den Künstler, den Gelehrten, den Wissenschaftler und den Priester.

Das meine spricht vom Liebenden und vom Leidenschaftlichen, vom Aufrichtigen und Ehrenhaften, vom Ehrlichen, vom Freundlichen und vom Märtyrer.

Euer Denken tritt ein für das Judentum, den Hindu-
ismus, den Buddhismus, das Christentum und den
Islam.

In meinem Denken gibt es nur eine allgemein gültige
Religion, deren verschiedene Wege nichts anderes
sind als die Finger der liebenden Hand des höchsten
Wesens.

In eurem Denken gibt es den Reichen, den Armen
und den Bettler.

Mein Denken meint, daß es keinen anderen Reichtum gibt als das Leben; daß wir alle Bettler sind und
daß nur das Leben allein ein Wohltäter sein kann.

Ihr habt euer Denken, und ich habe das meine.

Nach eurem Denken liegt die Größe einer Nation in
ihren Politikern, ihren Parteien, ihren Verhandlun-
gen, Bündnissen und Staatsverträgen.

Doch mein Denken behauptet, daß die Bedeutung
einer Nation in der Arbeit liegt – in der Arbeit auf den
Feldern, in den Weingärten, am Webstuhl, in der
Gerberei, im Steinbruch, im Sägewerk, in den Kon-
toren und Druckereien.

Euer Denken meint, der Ruhm der Nationen verkör-
pere sich in ihren Helden. Es singt Loblieder auf
Ramses, Alexander, Caesar, Hannibal und Napoleon.

Aber mein Denken sagt, daß die wirklichen Helden
Konfuzius, Lao-Tse, Sokrates, Platon, Abi Taleb, El
Gazali, Jalal Ed-din-el Roumy, Kopernikus und Pa-
steur sind.

Euer Denken sieht Macht in Armeen, Kanonen,

Kriegsschiffen, Unterseebooten, Flugzeugen und Giftgasbomben.

Mein Denken behauptet, daß Macht nur in Vernunft, Entschlossenheit und Wahrheit zu finden ist. Wie lange ein Tyrann sich auch halten möge, am Ende wird er der Verlierer sein.

Euer Denken unterscheidet zwischen dem Pragmatiker und dem Idealisten, zwischen dem Teilstück und dem Ganzen, zwischen dem Materialisten und dem Mystiker.

Das meine hat erkannt, daß das Leben *ein Ganzes* ist und daß seine Gewichte, Maße und Tabellen mit den euren nicht übereinstimmen. Derjenige, den ihr für einen Idealisten haltet, kann in Wirklichkeit ein praktisch veranlagter Mann sein.

Ihr habt euer Denken, und ich habe mein Denken.

Euer Denken interessiert sich für Ruinen und Museen, Mumien und Versteinerungen.

Mein Denken schwebt in den sich stets erneuernden Nebeln und Wolken.

Euer Denken ist auf dem Verstand aufgebaut. Seitdem ihr stolz darauf seid, verherrlicht ihr ihn auch.

Mein Denken wandert in dunklen und weit entfernten Tälern.

Euer Denken tönt laut, während ihr tanzt.

Mein Denken zieht eurer Musik und eurem Tanzen die Todesangst vor.

Euer Denken ist Geschwätz und falsche Freude.

Meines ist das Denken dessen, der verloren im eigenen Lande lebt, der ein Fremder ist in seinem eigenen Volk und unter seinen Freunden und Verwandten einsam bleibt.

Ihr habt euer Denken, und ich habe mein Denken.

AUSGEWÄHLTE TEXTE

AUSGEWÄHLTE TEXTE

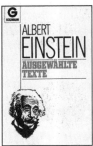

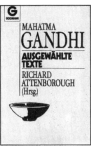

Literatur bei Goldmann

Tschingis Aitmatov
Jorge Amado
Madison Smartt Bell
Paul Bowles
André Brink
Bruce Chatwin
Robertson Davies
Joan Didion
Hilda Doolittle
Ingeborg Drewitz
Hans Eppendorfer
John Fante
E. M. Forster
William Golding
Joseph Heller
Stefan Heym
Alice Hoffman
Tama Janowitz
Nikos Kazantzakis
Walter Kempowski
Ken Kesey
Pavel Kohout
Henry Miller
Yukio Mishima
Marcel Pagnol
Valentin Rasputin
Gregor von Rezzori
Jaroslav Seifert
Walter Serner
Peter Ustinov
Kurt Vonnegut
Alice Walker
Edward Whittemore

GOLDMANN